KB124191

북클럽
프로토피아

『생각의 탄생』 교사 모임

북클럽 프로토피아

북클럽은 우리의 삶을 어떻게 변화시키는가?

© 생각의 탄생, 2022

1판 1쇄 펴낸날 2022년 12월 25일

지은이 『생각의 탄생』 교사 모임
총괄 이정욱 **편집·마케팅** 이지선·이정아 **디자인** SizZ
펴낸이 이은영 **펴낸곳** 도트북
등록 2020년 7월 9일(제25100-2020-000043호)
주소 서울시 노원구 동일로 242길 87 2F
전화 02-933-8050
팩스 02-933-8052
전자우편 reddot2019@naver.com
블로그 blog.naver.com/reddot2019
인스타그램 @dot_book_
ISBN 979-11-977412-5-8 03370

북클럽은 우리의 삶을 어떻게 변화시키는가?

북클럽
프로토피아

『생각의 탄생』 교사 모임 지음

도트북

자신의 목소리를 갖는 삶,
주인이 되는 삶은 어떻게 만들어질까?

아이들과 함께 책을 읽고 이야기를 나누며 꿈꾸었던 것들이 있었습니다. 처음에는 책을 읽는 재미와 즐거움, 행복을 나누고 싶었습니다. 심심할 때 '책'이라는 도구로 심심하지 않을 수 있다는 것을 알았으면 하는 바람이 있었습니다.

20년 가까이 아이들과 책을 매개로 만나오면서 느낀 것은 책은 힘이 있다는 것입니다. 재미와 즐거움을 주는 것 이상이었습니다. 책은 세상을 올바르게 보는 시각을 주고 자신을 바로 세우는 기준을 세워주어 옳음과 옳지 않음을 판단해 다른 사람에, 세상에 휘둘리지 않게 하는 힘이 있었습니다.

역사 속에서 권력을 가진 자들은 자신의 권력을 나누기를 원하지 않았습니다. 그리고 많은 대중들이 우중愚衆이 되어 그들의 허수아비가 되기를 원했습니다. 그런 그들이 가장 먼저 했던 일들은 책을 없애거나 제한시키고 문자를 단순화하는 것이었습니다. 중국 진나라 시황제는 사상을 탄압하기 위해 '분서焚書'를 단행했고, 마오쩌둥 시대의 문화대혁명 때에도 자신들과 다른 의견을 가진 책들은 모두 불태워버렸지요. 서양에서도 다르지 않았어요. 히틀러의 나치 정권은 독일 문학을 정화한다면서 나치 사상을 지지하는 책 이외에는 모두 불구덩이 속에 던져버렸지요. 오죽했으면 후에 독일 문학가 베르톨트 브레히트Bertolt Brecht가 비판시 '분서焚書'를 지어 조롱했을까요!

미래를 그리는 디스토피아 문학 속에서도 이런 모습은 나타납니다. 고전 디스토피아 3부작 중의 하나인 《멋진 신세계》올더스 헉슬리 에서는 책은 금지되고 최상위 계급인 알파 계급만이 소유할 수 있습니다. 또 《1984》조지 오웰 속에서는 언어를 단순화한 '신어'로 사고의 폭을 제한시켜 버리지요. 영화로도 잘 알려진 《기억 전달자》로이스 로우리 에서도 책을 보는 것은 기억 전달자만의 권리였습니다.

권력을 가진 사람들은 왜 책을 불태우고, 제한하고, 그들만 향유했을까요? 책을 만나게 되면 사람들의 의식이 깨어나기 시작합니다. 세상에 일어나는 일들을 의심하고, 질문하고, 나의 주변을 돌아보기 시작합니다. 당연해야 하는 것이 당연하지 않을 때, 왜 당연하지 않은지 생각하고 움직이기 시작합니다. 그리고 나의 목소리를 갖게 되고 변화하기 시작합니다. 시대의 위기가 크다면 이런 목소리들이 서로 만나게 되겠지요. 그럼 세상도 변화합니다.

　책을 읽는 일이 목소리를 갖는 일임에도 책을 읽는 사람들은 점점 줄어갑니다. 그래서 같은 마음을 가진 사람들이 모여 목소리를 내기로 작당했습니다. 우리를 찾아오는 아이들뿐만 아니라 누구나 책을 읽는 문화가 필요하다고 생각했습니다.

　그 시작이 바로 북클럽입니다. 가족끼리, 친구끼리, 이웃끼리, 만날 수 있는 누구나 '책'이라는 주제로 함께 읽고 함께 이야기를 나누는 작은 시작을 꿈꾸었습니다. 그리고 이런 시작을 꿈꾸는 이들에게 길잡이가 되기로 했습니다.

　이 책은 4개의 장으로 이루어져 있습니다.

　1장은 북클럽이 가져온 변화와 왜 북클럽이 필요한지를 정리했습니다. 다양한 콘텐츠가 넘치는 시대에 왜 꼭 '책'이어야 할까에 대한 궁금증을 해결할 수 있습니다. 또 북클럽이 어떻게 개인의 삶을 변화시켰는지 엿볼 수 있습니다.

　2장은 실제로 북클럽을 만들어 운영하고자 할 때 필요한 실질적인 기술들을 소개했습니다. 북클럽을 만드는 방법부터 진행하는 순서, 책 고르는 법 등 북클럽을 운영하면서 부딪힐 수 있는 어려움을 해결하는 답을 찾을 수 있습니다. 책을 어떻게 읽어야 하는지, 모임의 진행을 어떻게 해야 하는지, 생각들을 어떻게 정리할지에 관한 방법들도 상세히 소개했습니다.

　3장은 북클럽을 실제 운영할 때 단계별로 적용해볼 수 있는 순서를 안내합니다. 처음 시작할 때 읽고 간단하게 생각 나누기 정도로 끝낼 것인지, 조금 익숙해졌을 때 더 깊이 있는 북클럽을 만들어가고 싶다면 어떻게 변화를 주어야 할지 참고할 수 있습니다.

4장은 북클럽을 운영할 때 생길 수 있는 모든 궁금증을 망라해 두었습니다. 1~3장에서 다루지 못한 사소한 질문까지 모아 문득문득 떠오르는 궁금증이 있을 때 해결 방법을 확인할 수 있습니다.

작게 시작해보세요. 크게도 시작해보세요. 무엇이든 시작해보세요. 옳은 것을 알았다면 선택하고 움직여야 합니다. 여러분에게 북클럽을 추천합니다.

『생각의 탄생』 연구부장 김현숙

에필로그

부록 ✦✦✦
우리는 왜 북클럽을 추천하는가?

PART 1

왜 북클럽일까?

북클럽을 하는 가장 큰 이유는 '변화'입니다.

북클럽은 우리를 어떻게 변화시킬까요?

북클럽의 역사와 북클러버들의 사례를 통해

다양한 콘텐츠가 넘치는 시대에

왜 꼭 '책'이어야 하는지, 왜 함께 읽어야 하는지

또 북클럽이 어떻게 개인의 삶을 변화시켰는지 알 수 있습니다.

01

북클럽은 우리를
어떻게 변화시켰을까?

◆◆◆ 첫 번째 이야기

부부 북클럽, 삶을 해방시키다 _ 강가애 님

녹록지 않은 현실을 만나다

마흔을 코앞에 두고 있는 지금, 저는 새 출발을 앞두고 있습니다. 저는 초등학생들과 북클럽을 하는 리터러시 학습 센터 『생각의 탄생』에서 일하고 있습니다. 쉽게 말하면 독서 논술 강사인 셈이지요. 예비 남편은 고등학교에서 과학을 가르치고 있습니다.

제가 예비 남편과 결혼을 결심한 이유는 '대화가 끊이질 않아서' 였습니다. 첫 만남 이후로 약 3년간 연애하면서 가장 많이 했던 말이 '아 벌써 시간이 이렇게 되다니…'였지요. 카페에서, 차에서, 서점에서, 가을 길에서, 여름 초록숲에서… 우리의 대화는 끊이질 않았습니다. 결정적으로 우리가 연애를 시작한 지 얼마 지나지 않아 코로나가 시작되었고, 교사 커플인 우리는 극도로 조심하며 데이트를 이어 나갔습니다. 사람들이 없는 들과 산의 노지를 찾아 다녔지요. 아무도 없는 양평의 깊은 골짜기 어딘가에 캠핑 의자를 펴고 앉아 이야기를 나누며 데이트를 이어 갔습니다. 그렇게 제한된 시공간에서 데이트하다 보니 이렇게 떠들면서 살면 너무 재미있겠다 싶어 결혼을 결심하게 되었습니다.

하지만 늦은 나이에 새 출발은 생각보다 녹록지 않았습니다. 막상 결혼이라는 인생 2막을 시작하기로 결심하고 나니 코로나 때문에 식장을 예약할 수 없었습니다. 코로나 상황은 나아지지 않았고, 결국 제가 일하는 학원도 경영상의 위기를 맞이하게 되었지요. 또 대출금 규제에 아파트값 폭등으로 10년의 직장 생활이 참 허무하게 느껴지기도 했습니다. 그래도 우리 둘이 변함없는 일상을 잘 만들어 가자며 서로를 다독일 때쯤, 부모님이 크게 편찮으셨습니다. 그때는 더 이상 그 어떤 위로의 말도 잘 들리지 않았습니다. 위로의 말들이 그저 낙엽처럼 우수수 제 발끝에 떨어지더군요.

그때 함께 일하는 동료가 책 한 권을 추천해 주었습니다. 혼돈의 세상이지만 철저하게 나 자신을 믿고 겸손한 자세로 처절하게 하루하루의 끈을 놓지 않으면서 나를 지켜가라는 메시지가 담긴 책이었지요.

함께 읽은 책 속에서
지혜를 찾다

"물고기는 존재하지 않는다."

혼돈만이 우리의 유일한 지배자라고 아버지는 내게 알려주었다. 혼돈이라는 막무가내인 힘의 거대한 소용돌이, 그것이야말로 우연히 우리를 만든 것이자 언제라도 우리를 파괴할 힘이라고 말이다.

−《물고기는 존재하지 않는다》◆ 중에서

우리는 이 책을 함께 읽으며 부부 북클럽을 시작했습니다. 이 책은 한 생물학자의 전기이자 전기 작가의 수필이기도 합니다. 이 책을 통해 우리는 부부로서 인생 2라운드의 지혜를 얻어 가고 있습니다. 저자는 과학의 프레임으로 이 세상을 바라보면서 이 세상은 열역학 2법칙에 따라 '혼돈'의 팽창 상태라고 이야기합니다. 우리는 질서와 정돈을 원하지만, 실은 혼돈의 팽창이 세상의 이치이고 원리라는 것이지요.

완벽한 때, 완벽한 인생 2막 같은 것은 어쩌면 없을지 모릅니다. 우리는 함께 책을 읽으면서, 그 책의 의미를 나누며 앞으로 어떻게

◆ 《물고기는 존재하지 않는다》 룰루 밀러 저, 정지인 옮김, 곰출판, 2021

해야 하는지를 함께 고민하고 우리만의 대답을 찾게 되었습니다. 책을 읽고 생각을 나누는 과정에서 우리가 그 2막의 혼돈 어디쯤에 있는지, 나는 무엇을 읽고, 무엇을 사유하고 소통할 수 있는지 생각할 수 있었습니다. 이런 시간을 통해 앞으로 더 나은 삶을 그리며 부부로서 함께할 수 있음이 감사하고 또 즐겁습니다.

이렇게 우리는 부부 북클럽을 한 달에 한 번씩은 계속 이어가려 합니다. 최근에는 예비 남편이 대학원 진학을 준비하며 《정의란 무엇인가》◆를 읽고 공정한 사회와 입시, 교육관에 대해 깊게 이야기를 나누었습니다. 자연스레 아이를 낳을지, 낳는다면 몇 명을 낳을지, 또 어떤 교육관으로 어떻게 키우고 싶은지 등을 이야기하다가 어떤 방식으로 아이를 바라볼지를 고민하기 위해 《어린이라는 세계》◆를 함께 읽었습니다. 그러다 보니 학군과 부동산과 관련된 책을 읽어보자 생각이 들었고, 그렇게 우리가 읽을 다음 책이 결정되었습니다.

오늘보다 더 나은 미래, 프로토피아를 꿈꾼다

인생 2막을 앞둔 우리에게 부부 북클럽은 어려운 대화를 이끌어 갈 수 있는 소통의 창이었고 그 무엇보다 큰 위안이었습니다. 또 결

◆ 《정의란 무엇인가》 마이클 샌델 저, 김명철 옮김, 와이즈베리, 2014
◆ 《어린이라는 세계》 김소영 저, 사계절, 2020

혼하면 막연히 '행복한 가정'을 꾸리겠다는 환상보다는 우리 둘이 무엇을 해야 좀 더 나은 가정을 꾸릴 수 있는지 구체적인 그림을 그릴 수 있도록 도와주었습니다. 우리는 계속 읽고, 듣고, 말하고, 써 볼 예정입니다.

프로토피아, 우리는 우리가 꾸리는 가정이 좀 더 나은 현실을 위해 고단한 현실에서 멈추지 않고 부지런히 함께 걷는 공간이 되기를 바랍니다. 그래서 완벽한 파라다이스나 유토피아를 꿈꾸기보다는 지혜를 함께 나누며 지금의 현실을 좀 더 나은 방향으로 이끌 수 있기를 바랍니다. 우리는 그 지혜를 북클럽에서 얻어갑니다.

✦✦✦ 두 번째 이야기

책 읽는 엄마, 날다 _ 빨간머리 앤 님

큰아이 돌 즈음에
북클럽을 만나다

북클럽의 시작은 어린이서점에 붙은 '책 읽는 엄마' 공고였습니다. 결혼과 함께 이사를 와서 낯설기만 한 서울 생활을 하고 있던 참이라 아주 반가운 공고문이었습니다. 아이와 동반할 수 있다는 점도 좋았습니다. 모임에 가보니 돌을 전후한 아이를 동반한 엄마들이 모여 있었습니다. 모임 장소가 아이들이 돌아다녀도 되는 공간이어서 불안함이 덜했고, 모임에 온 엄마들이 모든 아이를 함께 돌봐주어 덜 힘들기도 했습니다. 무엇보다 모임이 조금 소란해도 전혀 눈치를 볼 필요가 없어 오히려 편안했습니다.

매주 한 번씩 모여 2시간 정도 함께 책을 읽었습니다. 아이를 키우는 데 도움이 될 육아 이론서와 아이들에게 적합한 그림책들을 골라 함께 읽고, 이야기를 나눴지요.

당시 우리 아이가 가장 좋아했던 책은 《사과가 쿵!》*입니다. 얼마나 많이 봤는지 책이 너덜너덜해져서 재구매를 할 정도였지요. 또 기억에 남는 책은 저녁마다 읽어줬던 《달님 안녕》*, 의성어가 재미있는 《곰 사냥을 떠나자》*입니다. 《짖어봐 조지야》*는 책 표지가 벗겨질 정도로 아이가 좋아했던 책이지요.

육아서 중에 《어린이와 그림책》*은 아이에게 왜 책을 읽어 줘야 하는지와 좋은 그림책을 고르는 방법들을 알려주었습니다. 《당신은 당신 아이의 첫 번째 선생님입니다》*라는 책은 아이를 어떻게 키워야 하는지 중심을 잡을 수 있게 해 준 책입니다.

◆ 《사과가 쿵!》 다다 히로시 저, 정근 옮김, 보림, 2006
◆ 《달님 안녕》 하야시 아키고 저, 한림출판사, 2001
◆ 《곰 사냥을 떠나자》 마이클 로젠 저, 헬린 옥슨버리 그림, 공경희 옮김, 시공주니어, 1944
◆ 《짖어봐 조지야》 줄스 파이퍼 저, 조숙은 옮김, 보림, 2019
◆ 《어린이와 그림책》 마쓰이 다다시 저, 이상금 편역, 샘터, 2012

북클럽 동지들과 함께 걷다

북클럽은 아이를 키우면서 가져야 할 기준이나 철학을 만들어야 하는 시기에 만난 모임이었습니다. 서정오 선생님의 《옛이야기 들려주기》*를 읽으면서 우리 옛이야기의 재미와 즐거움을 만났고, 아이들에게 이야기를 들려주면서 그 즐거움을 나누기도 했지요. 아이들이 옛이야기를 좋아한다는 사실을 발견하기도 했고요.

아이에게 먹일 음식에 대해 고민하면서부터는 그와 관련된 책을 읽으며 공부도 했습니다. 《과자, 내 아이를 해치는 달콤한 유혹》*을 읽은 후에는 우리 아이에게 무엇을 먹여야 하는지 고민이 더 깊어졌지요. 아토피로 고생하는 아이들도 있어 마침 시작된 생협 운동에도 동참했습니다. 《황금 똥을 누는 아기》*를 읽고는 냉온욕, 풍욕으로 아이를 야물게 키우는 방법들을 배웠답니다. 발도르프 교육을 하는 선생님을 초청해서 발도르프 인형 만드는 것을 배우기도 했습니다. 아이가 자는 틈을 타 밤을 새워가며 만들기도 하고, 바느질 바구니를 머리에 얹어 놓고 만들기도 했던 기억이 아직도 생생하네요.

우리는 모임을 마친 후 함께 밥을 먹었고 놀이터와 공원에서 아이들과 함께 놀았지요. 산후 우울증을 앓을 새도 없이 둘째를 임신하고 출산하는 엄마들이 생겨났습니다. 저도 그 중 한 명이에요. 유모차에

◆ 《옛이야기 들려주기》 서정오 저, 보림, 2011
◆ 《과자, 내 아이를 해치는 달콤한 유혹》 안병수 저, 국일미디어, 2005
◆ 《황금빛 똥을 누는 아기》 최민희 저, 다섯수레, 2001

아이 둘을 싣고 다니느라 망가진 유모차가 늘어날수록 아이도 엄마
도 즐거워지는 북클럽이었습니다.

이제 날다

그 아이들은 이제 대학생이 되었지만, 우리는 여전히 만나고 있습
니다. 한 명은 작은 책방을 운영하면서 그 시절 우리를 만나고 있고,
두 명은 책을 기반으로 학생들을 만나는 일을 하고 있습니다. 그 시
절 우리 아이들을 다시 만나고 있지요. 우리의 북클럽은 아이들도 키
우고 엄마인 나도 키웠습니다. 아이를 하나 키우려면 마을 전체가 필
요하다는 인디언의 명언을 떠올려 봅니다.

◆◆◆ 세 번째 이야기
복작복작 흰머리띠씨네 가족 북클럽 _ 손정은 님

복작복작 우리 가족

우리 가족을 한마디로 소개하자면 '복작복작'입니다. 아빠, 엄마,
고등학생, 초등 6학년. 우리 가족의 구성원입니다. 아무리 넓은 공간

에 풀어 놓아도 한곳에 모여 부대낍니다. 3인용 소파에 4명 앉기, 8인용 테이블을 놔두고 2인용 아일랜드 식탁에서 접시와 물잔을 부딪혀 가며 밥 먹기, 꼬리 물기처럼 발가락 끝이라도 서로 붙이고 늘어져 있기 등 항상 함께 몰려다니며 복작거립니다.

우리 가족이 이렇게 몰려다니며 하는 일은 맛있는 음식 먹기, 유튜브 보기, 영화 보기, 춤추기, 온라인 쇼핑하기 등 소비 행위가 주된 활동이었습니다. 시간이 지나면서 함께 있는 건 좋지만 하고 싶은 활동은 모두 달라 지루해지는 시기가 찾아왔습니다. 할 이야기도, 하고 싶은 활동도 거의 바닥을 보이고 있었지요. 코로나로 집에 있는 시간이 늘어나면서 정도는 더 심해졌습니다. 아이들이 어릴 때는 동화책도 읽어주고, 만들기나 요리도 같이하고, 그림도 함께 그렸는데, 아이들이 훌쩍 자라니 무언가를 같이 할 시간은 부족하고, 이전의 활동들은 이제 재미가 없어졌습니다. 특히 막내인 흰머리띠씨가 초등 고학년이 되면서 엄마인 제가 책 읽어주기를 멈추었더니 스스로 책 읽는 모습은 거의 볼 수 없게 되었습니다. 이제 본격적으로 책을 읽어 지식을 쌓고 생각을 만들어 나가야 하는 때인데… 하는 새로운 걱정이 생겨났습니다. 책 읽자는 말도 잔소리가 된 지 오래였지요.

우리도 함께 읽어 볼까?

좋은 방법이 없을까 생각하던 중에 학교에서 '한 책 읽기' 활동을 시작했다는 소식이 들렸습니다. 흰머리띠씨가 집에 와서 《나무가 된 아이》*를 읽기 시작했다면서 좀 무섭고 슬픈 책이라는 감상을 내놓았습니다. 집에서도 계속 읽을 수 있도록 책을 구해달라고 하더군요. 좋은 징조였습니다. 그 기회를 놓칠 수는 없었지요. 도서관에서는 대출 중에 예약까지 걸려 있어 언제 제 손에 들어올지 모르겠더라고요. 그래서 서점에 얼른 한 권을 주문했습니다. 그 책은 200페이지가 안 되는 중학년 수준의 단편 모음집이었습니다. 대여섯 편의 이야기를 모아 두었는데, 이야기의 결말이 모두 비극이더라고요.

흰머리띠씨가 책을 먼저 다 읽었다며 엄마도 함께 읽고 엄마는 어떻게 느끼는지, 자신이 느끼는 감정이 맞는 것인지 이야기를 나누고 싶다고 제안했습니다. 이전에 읽던 동화책의 밝고 아름다운 이야기들과는 차이가 있었으니까요. '요거다' 싶은 생각이 들었습니다. 저는 바로 "엄마도 읽을게. 아빠와 언니도 함께 하면 어떨까?" 하고 제안했습니다. 그때 흰머리띠씨의 눈이 반짝 빛났습니다.

책과 함께 성장하는
복작복작 우리 가족

큰아이는 책을 읽기는 하지만 감상평을 순순히 말하지 않는 편이

◆ 《나무가 된 아이》 남유하 글, 황수빈 그림, 사계절, 2021

고, 동생과는 나이 차가 많이 나는 편이라 동생을 아기 취급하는 경향이 조금 있었습니다. 남편은 모든 정보를 글자보다는 영상으로 만나는 것을 선호하는 성향이었지요. 흰머리띠씨의 손 편지도 흰머리띠씨가 읽어 주어야 듣는 정도이니 흰머리띠씨에게는 아빠가 책을 읽고 언니가 마음을 표현하게 하는 것이 큰 장애물이었습니다. 흰머리띠씨는 일단 언니는 책을 읽었으니 어떻게든 함께 할 것이라 생각했는지 아빠에게 어떻게 책을 읽힐까 고민하기 시작했습니다.

다른 가족 구성원들의 부담을 덜기 위해 단편 한 편만 먼저 읽기로 하고 저와 큰아이가 책을 읽고 한자리에 모였습니다. 그리고 책을 읽지 않은 남편을 위해 낭독회를 열었습니다. 책을 잘 읽지 않는 아빠와 함께 이야기를 나누기 위해 대부분 흰머리띠씨가 낭독했습니다. 목이 아프면 저와 큰아이가 번갈아 낭독하며 막내를 도왔습니다. 낭독하면서 아이들이 한 번 더 성장하는 것이 눈에 보였습니다. 생각지도 않았던 소득이었지요. 아이들은 듣는 사람을 고려하여 되도록 또박또박 책을 읽었고, 말하기 기술을 스스로 높여갔습니다. 소리 내어 읽으며 놓쳤던 내용을 다시 한번 확인할 수 있었고, 남편은 이렇게 짧은 이야기인 줄 알았으면 진즉 읽었겠다며 책 읽기에 대한 거부감이 한층 줄었습니다. 남편은 낭독이 끝난 뒤 아이의 읽는 목소리, 태도를 칭찬해 주었습니다. 전달력이 매우 좋아서 상상하며 들었다고요. 작은 아이는 말할 것도 없고 다 컸다고 생각했던 큰아이 어깨도 으쓱으쓱 올라가는 게 눈에 보였습니다.

모두가 함께 읽었으니 느낀 점, 생각, 질문 등 무엇이든 함께 나누자고 제안했습니다. '이 구절이 마음 아팠다. 저 구절이 좋았다'와 같은 말이 오고 갔습니다. 물꼬를 한번 트니 저절로 질문들이 쏟아져 나오더군요.

"학교에서는 왜 이런 슬픈 이야기를 '한 책 읽기' 활동책으로 선정했을까? 나무가 된 아이는 왜 도와 달라고 하지 않고 나무가 되었을까? 무당벌레가 된 친구는 멀리멀리 날아가지 않고 교실에 머물며 나무 사이로 기어들어온 걸까? 왜 나무가 되었는데도 괴롭힘을 당하면 피처럼 붉은 액체를 내뿜는 걸까? 작가는 이 이야기를 왜 썼을까?" 하나의 질문이 시작되니 질문에 꼬리를 물고 새로운 질문이 쏟아져 나왔습니다.

질문에 대한 생각을 나누고 생각에 대해 또 질문을 거듭하다 보니 책에 대해 새로운 생각이 생겨났습니다. 가족 구성원 모두가 서로를 잘 안다고 생각했는데, 한 권의 책을 함께 읽고 다양한 생각들이 쏟아져 나오니 서로가 다르게 보였습니다. 책을 읽고도 감상평을 이야기해 주지 않던 큰아이도 나름의 질문과 생각을 공유했습니다. 큰아이의 사례와 감상을 통해 고등학교의 교실도 살짝 엿볼 수 있었고, 사춘기 아이의 감정도 들여다볼 수 있는 좋은 기회였습니다.

우리 가족에게는 함께 책을 읽고 생각을 나누었다는 유대감이 생겼습니다. 누구보다도 소득이 컸던 사람은 흰머리띠씨였습니다. 자신이 제안한 새로운 활동이 시작되었기 때문이지요. 아이의 자신감은 쑥쑥 높아졌습니다. 또한 혼자 읽고 그쳤던 감상과 생각이 다른 사람의 질문이 만나 더 깊고 넓게 생각하는 경험을 쌓았습니다. 자신을 아기 취급하던 고등학생 언니가 동등하게 대하며 함께 해주어 고마운 마음도 들었다고 합니다.

끈끈한 가족의 연결 고리, 가족 북클럽

가족 모두가 이런 자리를 제안해 준 흰머리띠씨에게 고마움을 표현했습니다. 아빠나 언니가 적극적으로 다음에도 또 하고 싶다는 이야기를 꺼내어 막내의 표정이 환해졌습니다. 엄마인 저는 마음속으로 음흉하게 웃었습니다. 한 달에 한 번씩 꼭 자리를 마련해야겠다고 생각하고 실행에 옮겼습니다. 바로 복작복작 가족의 북클럽이 결성된 것이지요.

책을 선정하고 진행하는 것은 흰머리띠씨가 맡았습니다. 흰머리띠씨는 책 선정을 위해 부지런히 책을 읽기 시작했습니다. 고등학생 언니는 학업에 바쁜 중에도 동생이 권하는 책을 읽으며 휴식을 취할 수 있게 되었습니다. 아빠는 아이들의 생각을 함께 나눈다는 기쁨을 갖게 되었습니다. 이제 우리 가족에게 책 함께 읽기는 월간 행사가 되었습니다.

책을 선정하고 진행하는 역할을 맡은 막내는 여전히 바쁩니다. 일단은 학교에서 추천받아 읽어 본 책을 함께 읽고 싶어 합니다. 읽은 책 내용을 식사 시간에 이야기하며 함께 읽을 것을 제안합니다. 막내가 애를 쓰니 언니와 아빠는 그 노력을 모른 척하지 않고 적극적으로 참여합니다. 저는 책 읽고 질문 나누기, 그림 그리기, 토론하기, 글쓰기 등 다양한 독후 활동 방법을 준비합니다. 당분간 책 선정은 막내에게 맡겨둘 생각입니다. 생각이 커지며 확장이 필요할 때 힌트를 줄 수 있도록 책 목록도 준비할 생각입니다. 이렇게 북적북적 가족의 북클럽은 지금도 활발하게 활동 중입니다. 아이들의 생각 고리가 커가는 모습을 함께한다는 것은 부모가 누릴 수 있는 큰 기쁨입니다.

♦♦♦ 네 번째 이야기

전문 북클럽, 트레바리 _ 태유정 님

책을 읽고 나누는
즐거움을 갖다

제가 유료 북클럽인 트레바리에서 활동하는 이유 중 하나는 같이 책을 읽고 나누는 경험을 할 수 있다는 것입니다. 트레바리는 책을 읽고 자기 생각을 정리하여 독후감을 써야만 모임에 참여할 수 있는 북클럽입니다. 평소 생각을 글로 정리한 지가 언제인지도 모르는 사람들에게 이런 경험은 부담이기도 하지만, 다른 한편으로 좋은 선물이 되기도 합니다. 모임에 나가면 북클럽에 참가하는 구성원들의 질문을 통해 서로의 의견을 듣고 말하면서 자신만의 답을 찾아갈 수 있습니다. 트레바리 북클럽은 기본적으로 4개월 동안 책 4권을 한 달에 한 권씩 읽습니다. 독후감을 쓰고 모임에 참석하면 3시간가량 토론이 진행됩니다.

저는 클럽장해당 분야의 전문가이 있는 클럽을 주로 이용하고 있는데, 전문적인 분야의 지식 습득이라는 목적이 있기 때문입니다. 이 북클럽의 경우 함께 읽을 책의 목록이 대부분 정해져 있어서 4개월 동안의 흐름을 대략 예측할 수 있습니다.

새로운 시각을 열어주는
생각의 향연

북클럽에서는 책을 읽고 독후감을 써서 자신의 생각을 정리하는 것도 좋지만, 다른 사람들의 독후감을 읽는 즐거움도 존재합니다. 날것의 생각이 담긴 여러 독후감을 읽다 보면 내 생각과 같아서 놀라거나 생각지도 못했던 부분을 알게 되어 감탄하게 되는 경우가 많습니다. 특히 독후감을 사전에 모두 읽고 모임에 참여하게 되면 그 의견에 대한 깊이 있는 질문을 통해 시야를 넓힐 수 있다는 큰 장점을 3시간 내내 체험할 수 있습니다.

북클럽의 큰 장점 중의 하나는 바로 발제문입니다. 좋은 발제문은 좋은 질문이 대화의 질을 높일 수 있다는 사실을 다시 깨닫게 합니다. 좋은 질문은 기존 프레임에서 벗어나 새로운 시각으로 바라보게 합니다. 또한 좋은 질문은 문제의 해답을 찾게 할 뿐만 아니라 그 행위를 하는 동안에도 계속 배우게 합니다. 좋은 질문은 똑똑한 대답을 끌어내기도 하지만, 침묵을 끌어내면서 더 많은 생각을 하게 만들기도 합니다. 3시간 동안의 모임이 끝나고 나서도 여전히 아쉬운 마음이 들기 때문에 따로 모임을 하게 되는 경우가 많습니다. 모임이 끝나고 뒤풀이를 한다든지, 따로 날짜를 잡아서 주제와 연관되는 활동을 하거나 친목 도모를 위한 자리를 만들기도 합니다. 책을 넘어서 다른 주제로 이야기가 확장되면서 적당한 거리감을 두면서도 가까워지는, 느슨한 연대가 형성되는 시점입니다.

매력적인 북클럽이 되려면

당연한 이야기라고 생각할 수 있지만, 책을 다 읽은 뒤 독후감을 쓰고 다른 사람들의 독후감도 충실히 읽으면서 상대의 이야기를 경청하는 사람이 많을수록 모임의 만족도는 높아집니다. 반대로 말을 앞세우며 행동하는 사람들이 많을수록 모임의 질이 떨어지고 모임에서 이탈하는 멤버 수가 많아집니다. 4회의 기본 모임이 생각보다 적지 않기에 긴 기간 동안 초심을 유지할 수 있어야 합니다. 이런 사람이 적어서 모임이 생각보다 매력적이지 않으면 북클럽을 계속 운영하는 것이 사실상 쉽지는 않습니다.

연대의 힘, 지인들과의 북클럽 _ 태양 님

편안한 책 읽기가 필요해

제가 지인들과 함께하는 북클럽에서는 주로 문학책을 읽습니다. 제가 문학책을 좋아하기 때문은 아닙니다. 오히려 저는 개인적으로 문학에 대해 이해도가 떨어지고 선호하는 장르의 책이 아니라 일부러 지인들과 함께 문학책을 읽는 북클럽을 만들었습니다.

북클럽을 만든 뒤 가장 먼저 한 일은 책을 선정하는 일이었습니다. 이 북클럽에서는 함께 하는 구성원들에게 책을 추천을 받아서 목록을 만든 뒤 투표를 통해 함께 읽을 책을 선정했습니다. 마찬가지로 모임 날짜도 투표로 결정했습니다. 이때 투표를 진행하거나 모임 장소를 선정하는 일을 적극적으로 주도한 사람이 있었기 때문에 긴 기간 운영이 가능했습니다.

북클럽의 운영 방식은 다음과 같았습니다. 모임 날 전까지 책을 다 읽고, 지정된 사람이 발제문을 만들어서 그날의 모임을 진행합니다. 그날의 발제자가 만들어 온 발제에 따라 서로 이야기를 나누는 형태인데, 모임 시간 안에 충분히 많은 생각을 나누는 것을 목표로 하고 따로 독후감을 제출하진 않습니다. 오프라인 모임 시에는 장소를 정해 만났었지만, 최근에는 코로나 이슈로 온라인과 오프라인 복합으로 진행하고 있습니다.

느슨한 연대의 힘

보통 지인들로 구성된 북클럽은 구성원들을 서로 다 알고 있어 긴장감을 느끼기 힘들다는 단점이 있습니다. 반면 구성원의 교체가 거의 없다 보니 지속해서 깊은 대화를 나눌 수 있다는 장점이 있습니다. 특히 문학 작품의 특성상 개인적인 경험을 이야기하게 되는 경우가 많아 비문학 책을 읽을 때보다 서로에 대한 이해도가 높아집니다.

우리 북클럽의 경우 다양한 분야에서 일하는 지인들이 모이다 보니 다양한 의견과 다양한 배경지식으로 풍부한 대화를 끌어낼 수 있다는 것도 장점 중 하나입니다. 유료 북클럽을 이용하는 이유 중 하나가 랜덤하게 다양한 사람들을 만나서 다양한 의견을 듣는 장점이 있어서인데, 다행히 지인 북클럽에서도 이 조건이 충족되기 때문에 만족스럽습니다.

지인 북클럽의 또 다른 장점은 책과 관련한 소그룹을 자유롭게 결성할 수 있다는 것입니다. 전시회 관람이나 영화 모임 등 원하는 사람들끼리 모여 소그룹을 만들고 자유롭게 진행해도 공감대를 형성할 수 있습니다. 느슨한 연대를 적당히 유지하면서도 모임 참여에 대한 자율성이 있어 부담이 적은 것도 장점입니다. 다만 새로운 사람이 유입되지 않아 다른 의견, 새로운 시각을 갖지 못하고 구태의연한 결론이 반복되는 것을 막기 위해 가끔 새로운 멤버 영입을 시도하기도 합니다.

공부 북클럽, 친구를 만나다 _ 청우 님

'내 책'을 읽고 싶어

우리가 처음 만난 곳은 북클럽이 아니라 공부 모임이었습니다. 우리는 모두 독서지도 경력이 5년 이상 된 교사들이었고, 아이들을 오랜 시간 만나면서 좀 더 잘 지도하고 싶은 마음이 가득 차 있었습니다. 이런 마음으로 공부를 하기 위해 논술지도를 잘한다는 선생님을 찾아가게 되었고, 그곳에서 우리는 만났습니다.

그곳에서의 일정이 끝난 후, 몇 명이 모여 아쉬움을 표하며 모인 사람들끼리 조금 더 공부하자고 의견을 모았습니다. 그것이 2013년 쯤이었던 것으로 기억합니다. 우리는 정말 열심히 공부했습니다. 매주 논제에 맞는 글을 써서 발표하고, 분석하고, 수정하고 다시 쓰는 과정이었습니다. 이 과정이 끝난 후에는 주제를 정해 책을 고르고 읽었습니다. 이렇게 논술 공부와 책 읽기가 무르익었을 때 각자 책을 직접 만들어보기로 했습니다. 각자 교재를 만들고, 왜 이렇게 교재를 구성했는지, 어떤 이론에 근거했는지를 발표하고, 각자의 평을 들었습니다. 아이들을 잘 지도하기 위한 우리의 노력이 결실을 맺은 것입니다.

이렇게 2년 정도의 시간이 지났을 때, 우리는 새로운 모임을 시작했습니다. 독서지도를 하면서 아이들을 지도하기 위한 책을 매일매일 읽고 있지만, 막상 우리가 읽고 싶은 책은 읽지 못하고 있다는 생각을 하게 된 것입니다. 우리는 모두 책 읽기를 좋아하고, 책 속에서 즐거움을 찾는 사람들이었습니다. 그것이 '독서지도'라는 일을 하게 된 계기이기도 했습니다. 하지만 막상 책 읽는 것을 가르치면서 '내 책'은 읽을 시간을 갖지 못하고 있었던 것입니다. 모두에게 그런 갈증이 있었고, 그때 우리의 진정한 북클럽이 시작되었습니다.

'내 책'을 읽는 우리의 시간

그때부터 우리는 우리의 책을 읽기 시작했습니다. 읽고 싶어서 샀지만, 시간이 없어 읽지 못하고 쌓여 있던 책부터 시작했습니다. 흐름을 꿰면서 읽고 싶었지만 호흡이 길어서 읽다 말다 했던 철학사, 과학사, 예술사도 함께 읽었습니다. 접하기 쉽지 않았던 라틴아메리카의 문학이나 역사도 함께 읽었습니다. 그때그때의 시사적 이슈를 깊이 이해할 수 있게 해주는 책이 있다면 다른 책은 제쳐두고 그 책을 먼저 읽기도 했습니다. 여행을 꿈꾸었을 때는 여행기를 읽었고, 가벼운 에세이를 읽기도 했습니다.

우리가 만난 지도 10여 년이 되어갑니다. 각자 다른 곳에서 일하고 있어 모임에 오려면 한 시간 이상 걸리는 사람도 있었지만, 특별한 일을 제외하고는 누구 하나 빠지지 않고 매주 모였습니다. 이 시간에 우리는 책을 함께 읽었지만, 사실은 서로를 읽은 시간이었다고 생각합니다. 이제는 자연스럽게 어렸을 적 친구와도 하지 못하는 이야기를 편하게 펼쳐놓는 자신을 발견합니다. 책은 이런 이야기를 아무렇지 않게, 가볍게 꺼낼 수 있게 도와줍니다. 어쩌면 우리의 내밀한 수다 시간일지도 모르겠습니다. 우리의 모임은 책이라는 매개를 통해 마치 남의 이야기를 하듯이 내 이야기를 할 수 있는 곳이며 그것이 당연한 곳이었습니다. 또 같은 일을 하다 보니 공통된 고민들을 서로 나눌 수 있는 동지들의 모임이기도 합니다.

물론 코로나가 우리의 모임을 멈추게 만들었던 시기도 있었습니다. 오랜 시간 북클럽을 위해 비워 두었던 그 시간을 혼자 보내려니 무척 낯설었습니다. 혼자 책을 계속 읽긴 했지만, 함께 읽는 그 재미가 빠져 있었습니다. 우리는 서로를 그리워하다 온라인에서 책 모임을 계속 이어가기 시작했습니다. 어떤 친구보다도 좋은 친구는 바로 책으로 연결된 친구입니다.

02

북클럽은 언제부터
있었을까?

언제부터 읽기 시작했을까?

인류에게 독서의 시작은 문자가 만들어지는 순간이었을 것입니다. 문자가 태어남과 동시에 독자도 생겨난 것이지요. 문자는 기원전 3,000년경 메소포타미아 지역에서 탄생했습니다. 처음에는 진흙판에 갈대처럼 뾰족한 것으로 기호를 새기는 방식으로 문자를 썼는데, 문자의 선이 쐐기 모양으로 보여 '쐐기 문자'라고 부릅니다. 쐐기 문자는 수메르 인이 만들었으며, 약 3,000년 동안 메소포타미아 지역을 중심으로 고대 오리엔트 지역에서 널리 쓰였지요. 이들은 농작물 거래 내용이나 세금 납부와 같은 기록을 점토판에 쐐기 문자로 기록했습니다.

고대 이집트에서는 파피루스에 글자를 새겼습니다. 파피루스는 영어 'Paper페이퍼'의 어원이기도 합니다. 책을 손으로 베껴 써서 만들어야 했기에 가격이 무척 비쌌습니다. 나무와 가죽으로 표지를 만들어 금과 보석으로 장식한 책은 일종의 사치품이었습니다.

14세기에는 유럽 각지에 대학이 세워지면서 필사본 책 수요가 늘어났습니다. 독일인 구텐베르크가 서양 최초로 금속활자를 만든 후에는 인쇄술이 혁신적으로 발전했지요. 금속활자로 성경을 대량으로 인쇄하면서 스스로 성경을 읽는 독자도 많아졌습니다. 유럽 인쇄술의 발전은 당시 종교 개혁에도 지대한 영향을 미쳤습니다. 물론 구텐베르크 이전에도 6세기 중국에서 목판 인쇄가 등장했고, 우리나라 고려 우왕 때인 1377년에 최초의 금속활자본인 '직지심체요절'이 만들어졌지만, 서양처럼 대량 인쇄가 이루어지지는 못했습니다.

인류는 독서를 어떻게 했을까요? 밀라노의 주교였던 성 암브로시우스는 유명한 독서가였습니다. 그는 침묵 속에서 소리를 내지 않고 책을 읽곤 했는데, 당시에는 이런 독서법이 매우 충격적이었습니다. 성 아우구스티누스의 《고백록》은 암브로시우스가 책을 읽는 모습을 다음과 같이 묘사하고 있습니다. '책을 읽을 때 그의 두 눈은 책장을 뚫어져라 살피고 가슴은 의미를 캐고 있지만 그의 목소리는 들리지 않고 혀도 움직이지 않았다.' 서구 문헌 최초로 기록된 묵독소리를 내지 않고 속으로 글을 읽음의 예입니다. 또 알렉산더 대왕이 어머니에게 온 편지를 소리 없이 읽는 모습을 보고 부하들이 놀랐다는 이야기도 전해집니다. 아우구스티누스가 암브로시우스의 소리 없는 독서를 묘사한 것을 보면, 글자를 읽을 때는 묵독보다는 큰 소리로 읽는 것이 일반적이었음을 상상해 볼 수 있습니다.

현대의 우리에게 묵독은 당연한 독서법입니다. 그러나 활자 언어가 일반화되기 이전에는 암송하던 시대였습니다. 고대 역사에서 주술사들 역시 메시지를 소리로 전달했습니다. 즉, 당시에는 활자로 기록된 것을 소리 내 읽는 것이 일반적인 독서 방법이었습니다. 당시 도서관이나 아카데미에서 수십 명의 학자가 중얼중얼 소리 내 읽는 모습이 기록되어 있기도 합니다.

이렇듯 읽기는 전달을 목적으로 소리 내 말하고 암송하는 것에서 시작하여 책을 소리 내 읽기로 이어지고, 그 이후에 눈으로 읽기의 과정으로 변화해 왔다는 것을 알 수 있습니다.

언제부터 함께 모여
토론했을까?

명화 라파엘로의 〈아테네 학당〉에는 많은 사람이 모여 토론하는 모습이 그려져 있습니다. 16세기 초 교황 율리우스 2세는 라파엘로 산치오에게 바티칸 궁의 방들을 장식하는 일을 맡겼습니다. 라파엘로는 '서명의 방', '엘리오도르의 방', '콘스탄티누스의 방', '보르고 화재의 방'의 벽과 천장을 장식하기 위해 다양한 프레스코들을 제작했습니다. 그중 교황이 개인 서재로 사용하였던 '서명의 방' 벽면에는 철학, 신학, 법, 예술을 주제로 한 네 개의 프레스코를 그렸습니다. 1511년에 완성된 〈아테네 학당〉은 고대 그리스 학자들과 현인들이 한자리에 모여 진리를 탐구하는 이상적인 모습을 찬양하고 있습니다. 그림 속의 등장인물들은 자신의 사상이나 업적과 관련된 자세를 취하고 있습니다. 무엇보다도 여러 그룹으로 나뉘어 토론하고 있는 모습을 볼 수 있습니다. 보고만 있어도 마치 그 토론과 연구에 동참하고 있는 것처럼 생생합니다.

이를 보면 고대에도 토론의 문화가 있었다는 것을 알 수 있습니다. 고대 아테네를 민주주의의 발상지라고 하는데, 민주주의는 이런 토론에 기반해서 성장했던 것이 아닐까요? 또 이런 토론 문화에 기반해서 서양철학이 뿌리를 내린 것이 아닐까요? 토론의 전통은 사회 구성원들의 사회적 합의를 끌어내 발전해 나가는 통로였습니다.

고대 그리스의 토론 문화

'너 자신을 알라'로 알려진 고대 그리스 철학자 소크라테스는 사람들에게 지식을 직접 가르치기보다는 대화와 문답을 통해 상대가 스스로 무지와 편견을 자각함으로써 진리를 발견하게 했습니다. 상대와 끊임없이 토론을 벌이고 있음을 알 수 있습니다. 이를 '문답법, 산파술'이라고 합니다. 그의 제자 플라톤의 저서도 《국가》를 제외하고는 모두 대화의 기록입니다. 호메로스의 서사시도 이야기를 집대성한 것입니다.

이처럼 당시 고대 그리스에는 높은 수준의 토론 문화가 있었습니다. 종교와 정치의 중심이었던 아크로폴리스에서는 토론으로 국가 정책을 결정했고, 시민들이 소통하는 공간이었던 아고라에서도 토론으로 사건의 시비를 가리거나 논쟁을 펼치곤 했지요.

이스라엘의 유대인 전통 도서관인 '예시바'는 세상에서 가장 시끄러운 도서관으로 알려져 있습니다. 예시바는 유대인들이 사는 곳이면 어김없이 존재합니다. 각각의 책상마다 책을 산더미처럼 쌓아두고 치열한 토론을 벌입니다. 토론은 자기에게 부족한 부분을 메우고 책의 의미를 더 깊이 있게 이해할 수 있도록 도와줍니다.

티베트의 불교 승려들도 교리문답 토론인 '좌라'라는 수업이 있습니다. 수업은 주로 야외 정원에서 이루어집니다. 나무 그늘에서 서로 일정한 화두를 던지며 토론을 이어갑니다. 토론하는 방식으로 경전을 익히며, 책을 읽고 서로 의견을 나누고 소통하는 것입니다.

근대 유럽 토론 문화,
'살롱 문화'

살롱은 손님을 맞이하는 '응접실'을 뜻하기도 하지만 '사교 모임'을 의미하기도 했습니다. 살롱 문화는 18세기에 시작해 19세기에는 전 유럽으로 확산했습니다. 살롱 문화의 기원은 BC 5세기에 아테네 사교계에서 활동한 그리스의 여성 '아스파시아'가 운영한 살롱으로 봅니다. 그곳에서 소크라테스와 플라톤, 알키비아데스가 만나 정치와 철학을 논했다고 합니다. 이때부터 살롱은 남녀, 신분을 구분하지 않고 누구라도 들어와 대화할 수 있는 토론의 장으로 발전했습니다. 살롱은 문학과 예술, 철학 등 모든 지성의 출발점이었고 중개 역할을 했습니다. 계몽사상 역시 살롱을 통해 한층 더 수월하게 전파될 수 있었습니다.

루이 15세의 연인으로 알려진 프랑스의 퐁파두르 부인은 문학과 철학의 후원자였습니다. 특히 볼테르와 루소 등 계몽주의 철학자들을 적극적으로 후원했습니다. 디드로와 달랑베르의 백과사전 출판도 후원했습니다. 계몽주의의 산물로 태어난 백과사전은 이성, 합리성과 같은 인간의 능력을 끌어 냈고, 결국 프랑스 혁명이 발발하는 데 일조했습니다.

살롱은 흔히 영국의 커피하우스와 대비되기도 합니다. '커피하우스'가 남성 중심의 토론 문화 공간이었다면 '살롱'은 여성 중심의 토론 문화 공간이었습니다. 살롱이 점차 확대되어 남녀 구분이 사라지면서 모두에게 열린 토론의 장이 된 것입니다.

한국 역사에 살롱 문화가 등장한 것은 1900년대 초입니다. 대한제국이 일본의 강압으로 을사늑약을 체결한 시점에 고종의 특명을 받고 헤이그에 파견된 밀사들이 있었습니다. 그들은 1907년 2차 만국평화회의에 참석해 대한제국의 상황을 알리고 싶었지만, 일본의 방해로 만국평화회의에 참석하지 못하게 되자, 밀사들은 살롱에서 대한제국이 일본과 맺은 조약의 강제성과 일본의 부당한 침략을 전 세계에 알리는 외교를 펼쳤습니다. 살롱이 대한제국과 일본이 맺은 조약의 부당함과 일본의 침탈 사실을 알리는 외교의 장이 된 것입니다.

우리나라에도
토론 문화가 있었을까?

왕실에서 벌어지는 토론은 주로 '경연'을 통해 이루어졌습니다. '경연'이란 '경전을 공부하는 자리'란 의미입니다. 왕과 신하들이 성현의 가르침을 공부하는 자리인데, 이때 주로 공부한 경전은 유교 경전이었습니다. 경전을 함께 강독하고 토론하며 내용에 대해 참석자들의 의견을 말하고 글로 썼습니다. 경연이야말로 왕의 능력과 실력을 키우기 위해 왕과 인재들이 함께한 고급 북클럽이라고 할 수 있지 않을까요? 경연은 태조 때는 23회, 태종 때는 80회, 세종대왕 때는 1,898회나 열렸다는 기록이 있습니다. 또 왕이 성균관의 명륜당 마당에서 성균관 유생들과 함께 유교 경전에 관해 토론하는 내용을 그린 작품 〈성균관친림강론도〉에서도 우리나라의 토론 문화를 엿볼 수 있습니다.

왕실에서는 왕과 신하들, 유생들이 함께 토론하며 나랏일을 구상

했다면 사대부들이나 일반 백성들 사이에서는 사랑방을 통해 토론 문화가 이어졌습니다. 사랑방은 선비가 학문에 정진하고 취미활동을 영위하는 사적인 공간입니다. 하지만 이곳에서 손님을 맞이하고 교류하면 공적인 공간이 되기도 했습니다. 조정에서도, 개인의 사랑방에서도 문화의 교류와 토론이 이어졌습니다.

✦참고자료

- 《한국인만 모르는 한국의 보물》 이만열(임마누엘 페스트라이쉬)·고산 공저, bookstar, 2020
- 《독서의 역사》 알베르토 망구엘 저, 세종서적, 2000
- 《아트살롱》 유경희 저, 아트북스, 2012
- 《담론의 탄생》 이광주 저, 한길사, 2015

03

넘치는 콘텐츠 시대에
왜 북클럽?

넘치는 콘텐츠 시대,
나만의 검증 절차가 있어야 한다

여러분은 정보가 필요할 때 어디에서 찾으시나요? 유튜브, 책, 블로그 등 많은 곳에서 정보를 얻을 수 있겠죠. 원하기만 한다면 어디서나 쉽게 정보를 찾을 수 있는, 정보가 넘치는 콘텐츠의 시대입니다. 하지만 그 많은 정보는 믿을 만한 콘텐츠일까요?

넘쳐나는 콘텐츠로 이제는 정보를 찾는 것보다 제대로 된 정보를 골라내는 데 시간을 더 할애해야 하는 상황입니다. 또한 신뢰도가 높은 정보를 찾는 것도 중요하지만, 해당 정보를 객관적이고 비판적으로 볼 수 있는 시각을 가졌는지가 더 중요합니다. 물론 아예 모르는 분야에서 객관적인 시각을 갖는 것은 무척 어려운 일입니다.

객관적인 시각을 갖기 위해서는 정보에 대해 검증하는 절차를 스스로 가지고 있는지가 관건입니다. 검증 절차 없이 무조건 정보를 받아들이게 된다면 정보의 파도에 휩쓸린 채 망망대해를 헤매게 될 수 있습니다.

그렇다면 우리는 어떻게 객관적인 시각을 갖고 비판적으로 정보를 검증하고 판단할 수 있을까요? 바로 좋은 질문을 던질 수 있어야 합니다. 그런데 어떻게 해야 좋은 질문을 던질 수 있을까요?

> 좋은 질문은 문제의 프레임을 다시 짜서 완전히 새로운 시각으로 바라보게 한다. 좋은 질문은 문제의 해답을 찾게 할 뿐만 아니라 해답을 찾는 행위 그 자체를 재평가하게 만든다. 좋은 질문은 똑똑한 대답을 끌어내기도 하지만 침묵을 끌어내기도 한다.
>
> -《소크라테스 익스프레스》◆ 중에서

스스로 속도를 조절하는
주도성이 필요하다

콘텐츠가 넘치는 만큼 삶의 속도도 점점 빨라지고 있다고 느끼지 않나요? 과학과 기술의 발전 속도가 빨라지는 만큼 일을 처리해야

◆ 《소크라테스 익스프레스》 에릭 와이너 저, 김하현 역, 어크로스, 2022

하는 속도도 빨라지길 사회가 원하는 것 같습니다.

콘텐츠의 범람이 사회적인 흐름이라고 한다면 개인은 무엇을 해야 하는 걸까요? 모두가 같은 방향을 향해 같은 속도로 뛸 수 없는 것처럼 자기만의 속도를 찾아야 합니다. 속도를 조절하기에는 책이라는 콘텐츠가 가장 좋은 선택지라고 생각합니다.

파도처럼 몰려오는 정보들을 선택하지 못하고 수동적으로 받아들여야 하는 영상이나 인터넷, 유튜브의 많은 콘텐츠들과 달리 책은 우선 스스로 읽기를 선택해야만 합니다. 글을 읽다가 잠깐 그 자리에 머물러 나에게 떠오른 생각을 바라볼 수도 있고, 질문을 던지고 대답하면서 빠르게 읽거나 건너뛰고 싶은 부분은 넘어갈 수도 있는, 주도적이고 자율적인 선택이 가능한 콘텐츠입니다.

또 다른 매체들과 달리 책은 출판의 과정에서 일차적인 검증을 통과했다는 장점이 있습니다. 영상이나 블로그와 같은 콘텐츠는 제작자의 의도에 맞게 편집되고 배치되며, 이야기의 배경과 속도가 이미 결정되어 존재할 뿐만 아니라 일차적 검증의 책임까지 읽거나 보는 사람에 있는 경우가 많습니다. 반면 책은 정보의 신뢰도가 높다는 장점과 더불어 읽는 속도뿐만 아니라 배경이나 환경을 스스로 조절할 수도 있습니다.

결국 책은 나의 속도로, 주도적으로 읽으면서 이해하고 질문하고 비교하고 분석할 수 있는 콘텐츠입니다. 자유롭게 해석하고, 비판적으로 사유하며, 창의적으로 재생산하는 능력이 생기도록 도움을 줍니다. 어떤 콘텐츠보다 좋은 콘텐츠라고 할 수 있습니다.

책 읽는 사람은
인상도 다르다

사람들은 처음 만났을 때 첫인상이 중요하다고 이야기합니다. 예전에는 외모가 첫인상을 결정했다면 요즘은 무엇이 첫인상을 결정할까요? 요즘은 코로나로 얼굴을 뒤덮은 마스크 때문에 첫마디가 첫인상을 결정할 만큼 중요해지고 있다고 해도 과언이 아닙니다.

다시 말해 예전에는 비언어적인 것이 중요했다면, 요즘에는 언어적인 것의 비중이 높아졌습니다. 하지만 개인주의적인 생활 태도나 코로나 거리두기로 교류가 줄어들면서 말할 기회가 줄어 오히려 언어적인 능력이 퇴화하는것 같다는 의견이 지배적입니다. 말은 자주 해봐야 늘고 잘하게 되는데, 말할 기회가 줄어들고 그에 따라 언어 실력도 양극화되는 현상이 나타나는 것입니다.

자연스럽게 언어 실력을 늘리려면 읽고 쓰고 듣고 말하기를 한 번에 해야 합니다. 요즘 '리터러시literacy'라고 이야기하는 것이죠. 책을 읽고, 글을 쓰고, 다른 사람의 이야기를 듣고, 자기 생각을 말할 줄 알아야 한다는 것입니다. 그런 사람의 첫인상은 어떨까요? 매우 호감이 가지 않을까요?

이제는 나만의 브랜딩이
필요하다

언어에 존재하는 다양한 스타일을 가능한 한 많이 알고, 가능한 한 많이 익히는 것이 사회생활에서 여러모로 유익하다. '패션 감각'이 있다는 말은 상황에 따라 어떤 옷을 입어야 할지를 직감적으로 알아채는 능력을 의미한다. 언어도 마찬가지다. 우리는 '언어 감각'을 익히고 가꾸어야 한다.

－《언어의 역사》◆ 중에서

우리는 사회적인 존재로 사회 속에서 나를 드러내고 증명해야 합니다. 나를 드러내기 위한 수단은 많지만, 대표적인 것이 '콘텐츠'입니다. 그래서 나를 의도한 대로 인상적으로 드러내기 위해서는 자유롭게 콘텐츠를 이용할 줄 알아야 합니다. 하지만 콘텐츠마다 문법과 스타일이 미묘하게 달라서 그에 맞춘 전략도 필요하게 됐죠. 이런 유연함은 뛰어난 언어 감각이 있어야만 가능합니다.

　자신만의 언어 감각은 나만의 독특함을 갖게 합니다. 나만의 스타일, 나만의 특징, 나만의 브랜드가 탄생하는 것입니다. 하나의 직업만을 고수했던 예전과 달리 본업뿐만 아니라 다양한 일을 동시에 하는 슬래시slashies족의 탄생 역시 자연스럽습니다. 그만큼 자기를 표현하

◆ 《언어의 역사》 데이비드 크리스털 저, 서순승 역, 소소의책, 2020

는 것이 중요해진 개인 브랜딩의 시대가 도래한 것입니다.

개인 브랜딩을 위해서는 자신만의 언어를 가져야 합니다. 누군가의 이야기를 자신의 것처럼 하거나 말투를 따라 한다면 자신을 제대로 드러낼 수 없습니다. 나의 독창성을 보여 줄, 나만이 가진 장점들을 현명하게 드러내고 인식시킬 수 있는 언어 감각이 있어야 합니다.

소통전문가가 되려면
메타인지를 키워야 한다

우리 사회는 소통을 잘하는 사람을 선호합니다. 어떤 일을 하고 있는지에 상관없이 상대방과 소통을 얼마나 할 수 있는지가 능력을 발휘하는 데 중요한 점이라는 사실을 많은 사람이 인정하고 있습니다. 그럴 때 필요한 것이 메타인지입니다. '메타인지'란 내가 무엇을 알고, 무엇을 모르는지 아는 인지능력입니다.

우리가 어떤 일을 할 때 무엇을 해야 하는지 뚜렷이 알지 못한 채, 무조건 목표를 정하고 앞을 향해 돌진하는 것을 자주 봅니다. '열심히', '안 되면 되게 하라'를 외치며 전력을 다합니다. 하지만 만약 그 목표가 잘못된 목표라면 어떻게 될까요? 그 목표를 향해 가느라 더 소중한 것을 놓치고 있다면 어쩌죠? 메타인지 능력을 갖추고 있다면 무조건 달리기 전에 전체를 조망하며 자신의 상황을 객관적으로 판단하고 필요한 선택과 결정을 하게 됩니다.

사람들과의 관계에서도 이 메타인지가 중요합니다. 메타인지 능력이 높은 사람은 자신이 맡은 분야에서 뛰어난 능력을 발휘하고, 다른 사람들과도 탁월한 소통 능력을 보여줍니다.

메타인지 능력은 어떻게 높아질까요? 바로 북클럽이 그 해답을 줄 수 있습니다.

북클럽의 필요성

∘ 넘치는 콘텐츠 시대에 나만의 검증 절차를 가질 수 있다.

∘ 스스로 속도를 조절하는 주도성을 키울 수 있다.

∘ 언어 능력을 키워 좋은 인상을 가질 수 있다.

∘ 나만의 브랜딩 감각을 키울 수 있다.

∘ 메타인지 능력을 키워 소통 능력을 키울 수 있다.

04

우리는 왜 함께
읽어야 할까?

책 읽기의 좋은 점은
무엇일까?

'왜 함께 책을 읽어야 할까?'를 말하기에 앞서 '왜 우리는 책을 읽어야 하는가?'에 대해 먼저 말하고 싶습니다. 책 읽기의 장점은 셀 수 없이 많지만, 가장 중요한 세 가지만 꼽아보겠습니다.

첫째. 다른 세계를 만날 수 있다

우리가 살아가면서 아무리 다양한 경험을 한다고 해도 한계가 있을 수밖에 없습니다. 책에는 저자의 지식과 경험, 삶의 연륜에서 얻게 된 지혜 등 저자의 세계가 담겨 있습니다. 그래서 책을 읽는다는 것은 나의 제한된 세계를 넘어 저자의 세계를 만나는 것입니다. 그것은 지식이기도 하고, 가치관이기도 하고, 세계관이기도 합니다. 그 세계는 나의 세계와 충돌하기도 하고, 중복되기도 하고, 완전히 새로운 세계이기도 합니다. 책을 읽으면서 우리는 나의 세계와 저자의 세계를 비교하며 저자의 세계에서 발견한 새로운 것들을 나의 세계에 이식하기도 하고, 수용하기도 하고, 잘못된 점을 수정하기도 합니다. 새로운 시간, 새로운 눈을 가지게 되는 것입니다. 단지 몇천 원, 몇만 원의 책 한 권으로 새로운 세계를 경험을 할 수 있다는 것은 근사한 일이 아닐까요?

둘째. 주체적인 인간이 될 수 있다

당신은 당신 삶의 주인으로 살고 있나요? 내 삶의 주인이 되기 위해서는 옳고 그름을 판단할 수 있어야 하고, 자신을 성찰할 수 있어야 합니다. 그러기 위해서 비판적으로 사고하고, 반성하며 사고할 수 있는 고차원적인 사고 능력이 필요합니다. 책을 읽는다는 것은 나의 가치관이나 신념을 끊임없이 검토하게 합니다. 그 과정에서 우리는 스스로 쉬지 않고 질문하게 됩니다. '나는 바르게 살고 있는가? 나는 옳게 대우받고 있는가? 나는 타인을 어떻게 대우해야 하는가? 나는 지금의 모습에 만족하는가? 나는 어떻게 살고 싶은가? 왜 그렇게 살고 싶은가? 세상은 어떻게 움직이고 있는가? 세상은 바르게 움직이고 있는가?'와 같은 질문을 던지면서 답을 찾게 되고, 스스로 객관적이고 주체성을 가진 내 삶의 주인으로 우뚝 서게 됩니다.

셋째, 자신과 세상에 대한 이해를 넓힐 수 있다

인간은 행복하기를 원하고, 그 행복은 즐거움을 얻을 때 나타납니다. 책 속 내용에 몰입하게 되면 책 속의 인물이 되어 상상하고, 공감하며, 희로애락의 감정을 함께 경험하게 됩니다. 슬픔과 분노를 느끼더라도 그 감정을 풀어내고 편안해질 수 있는 방법과 지혜를 얻을 수 있습니다. 책을 통한 다양한 경험이나 책으로부터 얻은 지혜가 나의 것이 되면, 그것들이 겉으로 나타나면서 자신 있고 당당한 매력적인 인상으로 변합니다. 책 속에서 다양한 감정을 느끼고 그 안에서 정화되는 과정을 거치며 한층 성숙하게 되는 것입니다.

또 책 속의 지식을 습득하면서 세상과 자연과 자신을 깊고 넓게 이해할 수 있습니다. 책을 읽고 난 뒤 희미하고 흐렸던 것들이 명료해지는 경험을 하기도 합니다.

독서의 시작은 목적 없이 책을 읽을 때 생기는 순수한 즐거움을 느끼는 것으로 충분합니다. 책에서 이런 즐거움을 맛보다 보면 스스로 목적 있는 독서를 꿈꾸게 됩니다.

책 읽기의 좋은 점

- 다른 세계를 만날 수 있다.
- 주체적인 인간이 될 수 있다.
- 자신과 세상에 대한 이해를 넓힐 수 있다.

왜 북클럽에서
함께 읽는 것이 좋을까?

이렇게 좋은 점이 많다면 혼자 읽어도 충분하지 않을까요? 왜 굳이 함께 읽어야 하고, 북클럽이 필요하다는 걸까요?

함께 읽기의 장점 역시 세 가지로 정리해 보겠습니다.

첫째. 책 읽는 즐거움이 매우 커진다

즐거움은 나눌수록 커집니다. 아이들이 친구를 좋아하는 이유는 혼자 노는 것보다 함께 노는 것이 더 재미있기 때문입니다. 아이들은 친구들과 함께 놀면서 놀이의 규칙을 익히고, 놀면서 친구들을 배려하는 마음도 갖게 됩니다. 또 놀이의 새로운 규칙을 만들어 더 즐거운 놀이로 만들기도 하지요.

혼자 책을 읽는 것은 혼자 노는 것과 같습니다. 혼자 놀 때 마음대로 규칙을 정하고 혼자만의 즐거움을 느끼는 것처럼 혼자 책을 읽는 것은 혼자만의 즐거움을 만들어가는 것입니다. 여기서 생길 수 있는 문제는 나의 즐거움의 방법, 나의 원칙과 규칙이 다른 사람들과 어우러질 수 있는지 알 수 없다는 것입니다. 우리는 혼자 살 수 없습니다. 그런데 혼자만의 세계에 빠져 산다면 어떻게 될까요? 그래서 함께 책을 읽는 것이 필요합니다.

함께 책을 읽고 우리가 함께 공감하는 것들을 나누면서 보편적이고 일상적인 것이 주는 즐거움과 행복을 배울 수 있습니다. 어린이,

청소년의 북클럽이 더 필요한 이유이기도 합니다.

둘째. 자신의 가치관과 개념을 객관적으로 바라보고 분석할 수 있다

혼자만의 책 읽기를 계속하다 보면 책 내용의 옳고 그름을 객관적으로 판단하기 어려워집니다. 비판적인 시각 없이 책의 내용을 그대로 받아들이거나 잘못 읽고 잘못 이해하거나 해석하게 된다면 잘못된 개념이나 기준을 가지고 세상을 바라보고 판단하게 됩니다. 자기만의 생각을 고집하면 매우 독선적이고 고정관념이 강한 사람이 될 수 있습니다. 이러한 책 읽기는 자신뿐만 아니라 다른 사람도 해치는 독이 될 수 있습니다.

그래서 함께 읽어야 합니다. 함께 읽고 책의 정보들을 정리하면 자신이 책을 제대로 이해하며 읽었는지 알게 됩니다. 또 그 정보들 안에서 생기는 의문들을 다양하게 질문하고 함께 토의, 토론하면서 자기 주장을 정교하게 바라볼 수 있습니다. 주장이 다를 때는 자기 주장이 옳음을 증명하기 위해 합리적이고 논리적인 이유와 근거를 찾아야하기 때문입니다. 또 상대방 주장의 이유와 근거에 모순은 없는지, 허점은 없는지 분석하게 됩니다. 이 과정에서 비판적이고 반성하는 사고와 함께 타인을 배려하는 태도가 성장할 뿐 아니라 새로운 생각들이 만들어지는 창조적인 사고의 경험을 하게 됩니다.

이처럼 함께 읽는다는 것은 나와 세상을 좀 더 객관적이고 합리적으로 바라볼 수 있게 해 나의 성장을 돕습니다.

셋째. 세상 속의 일원으로 목소리를 내는 내 삶의 주인공으로 살 수 있다

책을 함께 읽는다는 것은 세상과 세상의 만남과 충돌입니다. 나라는 개인의 세상과 책 속 저자들의 세상이 끊임없이 접촉합니다. 그 안에서 우리는 끊임없이 성장합니다. 너와 나의 옳고 그름을 논하고, 세상의 옳고 그름을 논하면서 무엇이 더 나은 삶을 살게 하는지, 어떻게 더 나은 세상을 만들지 끊임없이 고민하고 성찰합니다. 무엇이 더 옳은가에 대해 생각이 다를 때도 자신의 믿음이 왜 더 옳은지를 증명하기 위해 끊임없이 세상을 향해 눈을 뜨고 관찰합니다. 뭔가 아는 척하는 몇 사람이, 권력을 가진 어떤 권력자가 세상을 속이고 움직이려 할 때 우리는 밝은 눈을 뜨고 그들의 감언이설과 속임수에 대응할 수 있습니다. 더 이상 우매한 민중이 되지 않을 수 있습니다. 세상을 움직이는 담론을 형성하고 진정한 시민이 되어 내 삶을 조망하는 주인이 될 수 있습니다.

함께 책을 읽는 북클럽은 그 외에도 장점이 많습니다. 소통이 줄어든 시대에 타인과 교류할 수 있다는 점, 책을 간절하게 읽고 싶지만 스스로 정한 시간에 책을 읽지 못하는 사람들에게 일정한 독서 시간을 갖게 한다는 점, 인간에 대한 이해의 폭을 더 넓일 수 있다는 점 등입니다. 특히 시나 소설 같은 문학 작품의 책 읽기는 관점이나 공감하는 정도에 따라 해석이 다양하기 때문에 인간과 삶의 여러 모습을 이해할 수 있습니다.

학생들과 함께 책을 읽는 일을 하다 보니, 언제부터 아이들에게 독서교육이 필요한지, 어떻게 독서해야 하는지를 묻는 분들도 많습니다. 독서교육이 입시에 도움이 되는지에 대한 질문도 많이 받습니다. 독서교육은 입시에 도움이 되는 것은 물론, 유년기와 청소년 시절을 의미 있게 보낼 수 있는 매우 좋은 활동입니다. 이에 대한 구체적인 내용은 뒤에서 더 설명하겠습니다. 책을 읽는 일은 밥 먹는 것과 같은 일이라고 생각합니다. 밥 대신 다른 것을 먹고 싶다면 국수도 먹고, 빵도 먹고, 잠깐 단식을 할 수도 있지만 아무것도 먹지 않을 수는 없습니다. 우리 몸을 유지하고 지탱할 에너지가 필요하기 때문입니다. 책은 우리의 정신과 삶을 성장시키는 에너지입니다. 내 몸의 건강을 위해 더 좋은 음식을 챙겨 먹는 것처럼, 건강한 정신과 풍요로운 삶을 위해 더 좋은 책을 고르려는 노력도 필요하고, 그 책의 내용을 잘 소화하고 내 것으로 만드는 과정도 필요합니다.

　이를 위한 가장 좋은 방법이 북클럽이라고 생각합니다. 혼자가 점점 더 중요해지는 시대입니다. 북클럽은 자발적이며, 느슨한 연대가 주는 편안함 안에서 다양한 생각과 관점을 만나게 합니다. 그 안에서 세상을 이해하는 다양한 분야의 배경지식은 넓어지고, 문해력과 독해력은 저절로 향상됩니다. 북클럽이 일상이라면 입시 준비를 따로 할 필요도 없겠지요. 누구에게 의존하고 끌려가는 삶이 아니라 자기 삶을 조망하는 메타인지 능력을 갖추고 자신이 주인이 되는 행복한 삶을 살 수 있게 됩니다. 스스로 주인이 되어 보세요.

북클럽에서 함께 읽기의 좋은 점

- 책 읽는 즐거움이 매우 커진다.

- 자신의 가치관과 개념을 객관적으로 바라보고 분석할 수 있다.

- 세상 속의 일원으로 목소리를 내는 내 삶의 주인공으로 살 수 있다.

PART 2

북클럽을
시작해 볼까?

북클럽을 시작해야겠다고 마음 먹었다면
벌써 변화는 시작되었습니다.
이제 북클럽을 만들어 운영할 때 필요한 규칙과
책 고르는 법, 읽기의 기술, 요약의 기술,
질문의 기술, 말하기 기술, 글쓰기 기술을 배울 차례입니다.
북클럽을 운영하면서 부딪힐 수 있는 어려움도
해결하는 답을 찾을 수 있습니다.

북클럽,
어떻게 만들지?

　'함께 책 읽기'의 장점과 효과에 대해 충분히 이해하셨으리라 생각합니다. 그럼 이제 북클럽을 만들어 볼까요? 북클럽을 시작하고 싶지만, 도대체 어디서부터 어떻게 시작해야 할지 막막할 것입니다.

　일단 가볍고 쉽게 시작해 보세요. 처음에는 함께 책을 읽고 싶은 마음이 있는 친구와 둘이서만 시작해도 좋습니다. 그런 다음 북클럽을 시작했다고 주변에 소문을 내세요. 함께 책 읽기를 원하는 사람들은 생각보다 많습니다. 학생이라면 반 친구들과 시작해도 되고, 가까운 이웃과 시작해도 좋습니다. 지역 모임에서 함께 책 읽기를 시작하는 건 어떨까요? 가족끼리, 직장 동아리에서, 친구들끼리 함께 책을 읽어 보세요. 가장 중요한 조건은 '책을 읽기 원하는 사람들'이 모이는 것입니다.

가족 북클럽으로
시작하세요

만약 자녀가 있는 가정이라면 자녀와 함께 북클럽을 시작하기를 권합니다. 부모들은 책의 유익함을 잘 알고 있기 때문에 자녀가 어릴 때에는 많은 책을 읽어주고 권하지만, 초등학교에 입학할 즈음에는 읽기 독립을 강요합니다. 그리고 아이 앞에 책을 쌓아주기만 합니다. 그럴수록 아이들은 오히려 독서에서 멀어지죠.

가족 구성원이 함께, 부부끼리, 자녀가 있다면 자녀와 함께 읽으세요. 자녀는 책을 통해 어른들과 부담 없이 생각을 나누는 법을 배울 수 있고, 부모는 어린이, 청소년 책을 통해 자녀의 세계를 이해할 수 있습니다. 가족들과 생각을 나누는 시간을 갖게 되면 서로를 이해하는 공감의 폭이 커지고, 가족의 세계를 확장하는 장이 될 수 있습니다. 주의할 점은 가족 구성원 모두가 서로 개별성과 독립성을 가진 개체로 인정하고 자유로움을 보장해야 한다는 것입니다. 특히 부모와 자녀는 개별적인 동등한 관계에서 생각을 자유롭게 나눌 수 있어야 합니다. 부모가 자녀에게 일방적으로 생각을 강요하거나 가르치려고 하면 북클럽은 유익함보다는 해로움이 더 많을 것입니다.

가족 북클럽은 서로를 이해하는 공감의 폭을 넓히고, 가족의 세계를 확장하는 장이 될 수 있다.

학부모 북클럽을 만드세요

자녀가 학교에 입학하고 나면 아이와 관련된 새로운 인간관계가 만들어집니다. 자녀의 학교생활에 대한 궁금증, 다른 또래 아이들에 대한 궁금증 등 내 자녀의 성공적인 학교생활을 위해 부모는 정보에 목말라하고 동지를 필요로 합니다.

학부모 북클럽을 만들어 보세요. 같은 또래의 자녀를 둔 학부모 북클럽은 공감대가 많기 때문에 이로운 점이 많습니다. 정기적인 모임으로 친교를 다질 수 있고, 자녀 교육에 관련된 책이나 자녀의 성장에 따른 시기별 책, 자녀 문제나 부모 자녀 간에 생기는 문제와 관련된 책 등을 함께 읽고 토론하면 육아나 교육 정보는 물론 동지와 함께한다는 위로와 든든함을 얻을 수 있습니다. 또 자녀를 키우면서 소홀해질 수 있는 자신을 들여다볼 기회도 가질 수 있습니다. 자녀를 키우다 보면 자녀와 직장, 가정의 문제에 묻혀 스스로 삶의 주인공으로 살아가지 못하는 자신을 발견하곤 합니다. 누군가와 함께 책을 읽는다는 것은 온전히 자신의 마음을 들여다보며, 자신을 성찰하고 탐구할 수 있는 시간을 갖는다는 의미입니다. 그 과정에서 스스로 주인공으로 서게 됩니다.

학부모 북클럽을 통해 같은 또래의 자녀를 둔 부모들과 공감대를 형성할 수 있고, 육아나 교육 정보는 물론 위로와 든든함을 얻을 수 있다.

어린이, 청소년 북클럽을 만드세요

어린이, 청소년의 북클럽은 꼭 필요한 선택입니다. 어린이나 청소년이 주도성을 가지고 원하는 책을 골라 읽는 북클럽을 만든다면 성취감이 생기고, 학습에 많은 도움이 됩니다. 배경지식을 넓힐 수 있을 뿐만 아니라 세상에 대한 이해와 공감의 힘을 키울 수 있습니다. 또 그 시기에 겪을 수 있는 다양한 문제를 함께 고민하고 해결하면서 또래 사이의 유대감이 커지고, 학습에 도움이 되는 문해력과 비판적 사고력, 문제해결력, 수용력이 길러집니다. 북클럽에서 성장의 시기, 배움의 시기, 질풍노도의 시기를 함께 지나갈 좋은 친구를 만날 수 있습니다.

초등 저학년이라면 부모님의 도움이 필요합니다. 읽을 책을 고르는 데 도움을 주고, 모임 일정이나 장소를 정해주고, 부모님 한 분이 아이들이 책을 잘 읽었는지 확인하거나 생각을 꺼낼 수 있도록 질문을 해 주는 역할을 하면 됩니다.

초등 고학년이나 중·고등학생이라면 자율성에 맡겨도 충분합니다. 물론 처음에는 시행착오의 과정이 있겠지만 꾸준히 보완해가면서 일 년만 스스로 북클럽을 꾸려가면 부쩍 자란 모습을 발견할 수 있습니다. 힘든 과정을 거쳐 북클럽에서 즐거움을 깨달으면 주도적이고 자율적으로 북클럽을 꾸려갑니다.

청소년기는 뇌 신경의 가소성이 매우 극대화되는 시기라고 합니다. 극도로 예민한 시기이고 좋은 것도 나쁜 것도 쉽게 받아들일 수

있어서 두뇌를 플라스틱처럼 만드는 대로 성형할 수 있는 시기라고
도 하더군요. 이 시기에 만들어진 자기 조절 능력, 자기 통제력이 전
생애에 큰 영향을 끼친다고도 합니다. 그래서 이 시기에 긍정적인 발
달을 촉진하기 위해서는 논리적으로 추론하거나 미리 계획하거나 감
정을 제어하는 경험 의존적 발달이 필요합니다. 북클럽은 청소년들
에게 상위인지 능력을 키워줄 수 있는 좋은 방법입니다.

> 어린이, 청소년 북클럽은 성취감, 학습 능력, 지식, 세상에 대한 이해와 공감
> 의 힘을 키워준다. 또한 또래 간의 유대감, 문해력과 비판적 사고력, 문제해결
> 력, 수용력을 함께 기를 수 있다.

직장 북클럽을 만드세요

자기 계발을 위한 북클럽, 친목을 다지기 위한 북클럽, 좋은 시간
을 함께 보내기 위한 북클럽, 어떤 이름을 가지고 시작해도 좋습니다.
단, 직급이라는 계급장을 떼고 동등한 독서인으로 함께 해야 합니다.
요즘에는 승진 연한을 없애거나 직급을 아예 없애는 등 직급 파괴가
이루어지고 있는 기업도 많아 이런 분위기가 어색하지 않을 것입니
다. 직장 북클럽은 사내 복지 지원을 이용하면 도서나 운영비를 지원
받거나 공식으로 활동 시간을 보장받을 수 있다는 이점도 있습니다.

공감대가 크기 때문에 업무 능력을 향상시키는 책을 선택해도 좋고, 순수하게 즐거움을 위한 책을 선택해도 좋겠지요. 같은 곳에서 근무한다면 모임의 장소나 시간을 정하기도 좋습니다.

직장 북클럽은 자기 계발이나 친목, 업무 능력 향상, 동료 간의 관계 향상, 성취감과 즐거움 등을 느낄 수 있는 유익한 활동이다.

모르는 사람들과
북클럽을 만드세요

아는 사람들과 책을 읽는 것이 부담스럽다면 모르는 사람들과 북클럽을 만드세요. 온라인상에서는 함께 책을 읽고 싶어 갈증 난 북홀릭bookholic들을 많이 만날 수 있습니다. 또 비용을 내고 참여하는 전문 북클럽들이 있습니다. 이런 북클럽들은 좋은 리더가 있어서 처음 시작하는 북클럽 스타터들에게 좋은 안내자가 되어줍니다. '북클럽', '독서 모임', '책 모임'이라는 검색어만 넣어도 믿을 만한 북클럽을 찾을 수 있습니다. 어느 정도 북클럽 활동 경력이 있는, 활발하게 활동하고 있는 북클럽을 선택하는 것이 좋습니다. 어떻게 활동해왔는지, 어떤 책들을 읽어왔는지 미리 살펴보세요.

오프라인의 모임뿐만 아니라 온라인 모임도 활성화되어 지역적인 제한, 시간적인 제한에서 벗어나 폭넓은 북클럽에서 함께 책을 읽을 수 있습니다. 사이버 세상은 이제 무시할 수 없는 존재이자 외면할 수 없는 세상입니다. 온라인상에서 새로운 인간관계가 만들어지고 서로 소통합니다. 사이버 세상의 북클럽에서 함께 책을 읽으며 새로운 경험을 해보세요.

모르는 사람들과의 북클럽은 아는 사람들과 책을 읽는 것에 대한 부담이 없다는 장점이 있다. 좋은 리더가 있는 북클럽을 잘 선택하면 북클럽 스타터들은 낯설지만 새로운 경험을 할 수 있다.

마음이 맞는 사람들과
북클럽을 만드세요

책을 읽고자 하는 마음을 가진, 마음이 맞는 친구라면 함께 좋은 북클럽을 만들 수 있습니다. 함께 책을 읽는다는 것은 세계를 넓혀간다는 것입니다. 같은 반 친구들끼리 북클럽을, 선후배들과 북클럽을, 이웃과 북클럽을, 나의 단짝들과 북클럽을 만드세요. 특히 어린이, 청소년들의 북클럽은 기간을 정해 지속적으로 함께 책을 읽고 나누면서 다른 사람을 공감하는 힘을 키우고 생각을 정리해서 말하고 글을 쓰는 훈련까지 할 수 있습니다.

한 달에 한 번이라도 함께 책을 읽는다면 수다와는 또 다른 즐거움을 느낄 수 있습니다. 서로의 사정이나 상황을 잘 알기 때문에 편하게 자신을 성장시키는 시간이 될 수 있습니다. 가장 가까운 아내나 남편, 가족들과 함께 읽는다면 가족을 더 깊이 이해하게 되는 것은 물론, 우리 가족이 지향할 가치를 공유하고 함께 삶을 설계할 수 있습니다. 물론 편안한 북클럽이더라도 모임에서 지켜야 할 규칙과 약속을 꼭 지키고, 지속적이고 주도적으로 참여하겠다는 구성원들의 마음가짐과 실천이 가장 중요합니다.

마음이 맞는 사람들과의 북클럽은 편하게 자신을 성장시키는 시간을 만들어준다. 또한 그 사람들을 더 깊이 이해하고, 가치를 공유하고, 함께 삶을 설계할 수 있다.

온라인 북클럽을 만드세요

북클럽을 운영하는 방식은 오프라인이나 온라인 모두 가능합니다. 코로나19가 진정되지 않자 대면으로 북클럽을 진행하던 분들도 온라인으로 전환한 경우가 많습니다. 온라인으로 전환을 준비하면서 가장 걱정하는 부분이 기계를 다루는 것입니다. 그리고 화면에 비친 자기 모습에 어색해합니다. 온라인으로 토론이 잘 될 수 있을까 걱정도 됩니다. 이런 우려와 걱정은 화면 앞에 자주 앉아 토론하다 보면 금방 사라집니다.

온라인 북클럽이 주는 장점은 생각보다 많습니다. 먼저 시간과 공간의 제약에서 벗어날 수 있습니다. 시간 맞춰 나가야 하는 불편함을 덜어 주고 이동 시간이 절약되어 시간을 보다 자유롭게 활용할 수 있지요. 무엇보다도 전국 어디라도, 해외에 거주하고 있는 사람과도 북클럽이 가능합니다. 북클럽 구성원을 모집할 때도 공간의 제약에서 벗어난다는 점에서 유리합니다. 더불어 SNS나 블로그, 카페 등 홍보의 공간도 많이 생깁니다.

둘째, 대면에서 느껴지는 비언어적 메시지에서 조금은 자유로워질 수 있습니다. 머리부터 발까지 나를 노출해야만 하는 오프라인 상황과 달리 온라인에서는 화면에 보이는 부분으로 노출이 한정됩니다. 그래서 오히려 상대방의 언어적 메시지에 집중할 수 있습니다. 또 나의 비언어적 메시지에 신경 쓰는 부분도 줄어듭니다.

셋째, 가족 북클럽에 활용하기 좋습니다. 사춘기 자녀와 모임을 시도해 보고 싶거나 가족이 주는 어색함이 있는 경우 온라인 모임을 추천합니다. 자기의 공간에서 온라인으로 참여하게 되면 의견이나 주장을 말하기 쉬워지는 측면이 있기 때문입니다. 일상생활에서 얼굴을 마주 보며 의사소통이 어려운 가족의 경우 등을 대고 이야기하도록 하는 원리와 같습니다.

화상회의가 가능한 앱에는 여러 종류가 있습니다.[*]

종류	특징
줌 (ZOOM)	줌은 요새 가장 급부상하는 화상회의 프로그램입니다. 국내에서도 많이 사용하며, 유료·무료 버전이 있습니다. 어플과 웹 버전이 다 있어서 스마트폰, PC에서 모두 사용할 수 있습니다. 설치와 가입도 간단한 편이라 접근성도 좋습니다. 무료 버전의 경우 한 번에 최대 100명까지 참가할 수 있는 장점도 있습니다. 하지만 최대 사용 시간은 40분으로 제한됩니다.
구글미트 (Goolge Meet)	구글에서 제공하는 화상회의 플랫폼입니다. 무료 사용 기준은 100명, 60분이며 보안 체계가 강력하여 안전한 프로그램입니다. 구글 이메일만 있으면 사용할 수 있습니다. 구글은 G-suite라는 기업용 유료 솔루션을 운용하고 있는데, 원래는 이 G-suite를 이용하는 사용자에게만 제공하는 기능이었습니다. 기존 이름은 '행아웃미트'였으며, 최근 '구글미트'로 이름을 변경했습니다.
구글듀오 (Google- Duo)	구글에서 운영하는 화상통화 플랫폼입니다. 무료이고 시간 제한이 없습니다. 사용자는 기존에는 8명이었는데 최근 12명까지 접속할 수 있도록 업그레이드되었습니다. 접속 가능 인원은 적은 편이지만, 완전 무료이고 안드로이드, iOS, 웹에서도 사용 가능해 접근성도 좋은 편입니다. 구글에서 운영하므로 보안 면에서도 어느 정도 보장된다고 볼 수 있습니다. 소규모 회의라면 상당히 유용한 프로그램입니다.
애플 페이스타임 (Face Time)	애플에서 운영하는 화상통화 프로그램입니다. 무료이고 한 번에 32명까지 접속할 수 있습니다. 하지만 애플 사용자에게만 제공되기 때문에 그룹 중에 안드로이드 사용자가 있으면 접속할 수 없다는 치명적인 단점을 가지고 있습니다. 구성원이 모두 애플의 아이폰을 사용하고 있다면 꽤 유용한 프로그램입니다.

[*] 참고 : 《온라인 책모임 잘하는 법》 김민영 외, 북바이북, 2021

북클럽에서 사용할 온라인 앱을 결정했다면 첫 모임이나 준비 모임이 중요합니다. 먼저 같이 이용할 앱에 친숙해져야 할 필요가 있습니다. 앱에 어떤 기능들이 있는지 알아보고, 함께 사용할 기능들을 공유합니다. 사소해 보일 수 있는 부분까지 같이 해 볼 필요가 있습니다. 그래야 컴퓨터에 문제 상황이 발생할 때 당황하지 않고 대처할 수 있습니다.

첫째, 먼저 가장 기본적인 음량 조절하기, 화면을 여닫기 등을 같이 해 봅니다. 북클럽에서 함께 사용하게 될 부가적인 기능들도 직접 해 보게 합니다. 줌의 경우 화면 공유 기능이나 소회의실을 만들고 참여하는 방식도 익힙니다. 채팅창에 글도 써 보고 내 이름을 바꿔 보는 연습도 하게 하여 불편함 없이 이용할 수 있게 합니다.

둘째, 리더를 정합니다. 온라인 북클럽에서 리더는 모임 전에 줌의 주소와 비번을 공지하는 역할을 합니다. 또 모임원들의 북클럽 참여도를 면밀하게 관찰해야 합니다. 발언의 기회를 놓치고 있는 건 아닌지, 집중하고 있지 못한 건 아닌지 살펴봅니다. 상대적으로 발언의 양이 적은 모임원이 있다면 자연스럽게 이야기할 수 있게 유도하는 역할도 합니다.

셋째, 규칙을 정합니다. 온라인 북클럽을 즐겁게 진행하기 위해서는 규칙 정하기가 중요합니다. 먼저, 어쩔 수 없는 상황이 아니라면 비디오를 켜서 자기 모습이 잘 보일 수 있게 화면을 조정하도록 합니다. 주변 환경을 보여주고 싶지 않다면 비디오 배경 보정 기능을 이용해 보는 것도 하나의 방법입니다.

대면 모임과 달리 온라인에서는 오디오가 섞이지 않아야 합니다. 두 사람이 한꺼번에 발언할 때 듣는 사람에게 동시에 전달되지 않습니다. 미리 재미있는 발표 도구를 준비하는 것도 좋은 방법입니다. 발표 의사를 밝힌 모임원들의 발표 순서는 진행자가 정해줍니다.

온라인 북클럽에서 사용할 애칭을 정하는 것도 좋습니다. 온라인 북클럽은 모임원들 사이에 친밀성이 부족하다고 생각할 우려가 있습니다. 같은 애칭으로 모임 기간 내내 불러도 되고 매주 새로운 애칭을 만들어 보는 것도 좋습니다. 애칭을 통해 상대방에게 호기심이 생기고, 그런 이름을 붙인 이유를 듣다 보면 공감하는 측면이 넓어지기 때문입니다. 새로운 애칭을 만드는 즐거움도 생깁니다.

넷째, 온라인 북클럽 주기는 모임원의 특성에 맞게 정하면 됩니다. 매주 모임이 부담스러운 학생들 모임의 경우 단기 모임이나 방학 기간 동안 단기 모임으로 정하는 것도 좋습니다. 가족 모임은 읽고 싶은 책의 주제에 따라 주기가 달라질 수도 있습니다. 읽어야 할 분량이 많다고 생각되면 격주에 한 번씩 모임을 가져도 됩니다.

온라인이라는 것을 제외하면 오프라인 북클럽과 운영의 방법은 똑같습니다.

02

북클럽을 만들었다면
이제 무엇을 해야 할까?

북클럽 첫 모임에서는
무엇을 해야 할까?

의욕을 가지고 북클럽을 만들었는데, 이제 어떻게 시작해야 할지 어렵게 느껴질 거예요. 다음 순서대로 차근차근 진행하면 됩니다. 가장 먼저 첫 모임을 시작하면서 리더를 정하고, 북클럽의 목표를 정합니다. 그 다음 북클럽의 모임 주기, 방법, 규칙을 정하고 도서를 선정합니다. 다음 모임을 안내하면 첫 모임을 무사히 마칠 수 있습니다.

첫째, 첫 모임 시작하고 리더 정하기

첫 모임은 가볍게 인사 모임으로 시작해도 좋습니다. 자기를 소개하며 왜 북클럽에 왔는지, 북클럽에서 기대하는 것은 무엇인지 인사합니다. 그리고 북클럽의 이름과 리더를 정합니다. 북클럽의 리더는 군림하는 리더가 아니라 섬기는 리더여야 합니다. 모임을 안내하고, 읽어야 할 책 목록을 안내하며, 북클럽의 운영에서 생길 수 있는 어려움을 해결하는 데 앞장서는, 책임감을 가져야 하는 역할입니다.

북클럽이 운영되는 동안 구성원들이 일정 주기씩 리더를 번갈아 맡아가는 것이 좋습니다. 어린 자녀와 함께 하는 가족 북클럽이 아니라면 초등 고학년 이상이라면 누구나 리더의 역할을 맡을 수 있습니다. 단, 굳건하게 북클럽을 끌어가기 위해서는 의욕적이고 주도적인 리더가 북클럽이 자리 잡을 때까지 이끌어가는 것이 더 좋습니다.

둘째, 목표 정하기

두 번째로 북클럽의 목표를 정하고 구성원들이 모두 동의하는지 확인합니다. 북클럽에 가입한 이유는 다양할 수 있습니다. 책을 통한 친교 다지기, 자기 계발, 공동관심사를 더 깊이 공부하기, 혼자 읽기 힘든 책을 함께 읽기, 다양한 독서 기술을 익히기, 글쓰기 실력을 늘리기 등 구성원들이 원하는 목표를 확인하는 것이 필요합니다. 목표가 무엇인지에 따라 모임 주기, 책 선정, 운영 방법 등이 달라질 수 있습니다.

북클럽은 시작하는 순간 저절로 많은 유익함을 주지만, 구성원들 스스로 인식하는 목표를 찾아야 산으로 가지 않습니다. 오랫동안 꾸준하게 운영되고 있는 북클럽의 특징 중 하나가 바로 '목표'가 설정되어 있다는 것입니다. 대단히 거창한 목표가 아니라도 좋습니다. 구성원들이 계속해서 독서를 즐기고 모임에 적극적으로 참여할 수 있는 '동기부여'가 되는 정도면 충분합니다.

먼저, 목표를 달성하는 데까지 걸리는 기간을 기준으로 '단기목표'와 '장기목표'로 나눌 수 있습니다. 단기목표로 정하기 좋은 것은 '일주일에 한 권 완독하기', '모임에 3회 이상 참석하기', '내가 읽은 도서에 대해 3명과 이야기 나누기', '내가 읽은 도서에 대한 소감을 A4 한 장 분량으로 남겨보기' 등이 있습니다.

장기목표는 '일 년에 40권 읽기', 'SNS에 독서 피드 게시물 100개 올리기' 등 단기목표에서 물리적 양을 늘리는 방법을 활용할 수 있습니다.

주제에 따라 목표를 정할 수도 있습니다. '○○ 작가의 모든 작품 읽기', '고전 100선 완독하기', 《사피엔스》* 끝까지 읽기', '과학의 역사 공부하기', '철학의 흐름 이해하기', '코로나 시대를 대비하는 방법 찾기' 등이 있습니다. 북클럽의 목표를 정하면 목표를 수행하기 위한 책과 기간, 방법을 구체적으로 정합니다. 조금 더 실질적이고 실행력이 강한 목표를 정하고 싶다면 북클럽에서 특정 주제와 특정 분야의 전문 서적을 읽고, 그 주제와 관련된 특정한 행동을 직접 해 보는 것도 좋습니다.

예를 들어, 역사를 주제로 한 도서를 읽는 모임이라면 일정 기간이 지난 후 '한국사능력검정시험'이나 '세계사능력검정시험'을 급수별

◆ 《사피엔스》 유발 하라리 저, 조현욱 옮김, 김영사, 2015

로 도전해 본다거나 역사 속의 장소를 직접 탐방하거나 관련된 문화 활동을 함께 하는, 행동하는 목표를 더 가질 수 있습니다.

경제 관련 도서나 자료를 읽는 모임이라면 이 모임을 통해 얻은 지식을 바탕으로 부동산 경매 참여하기, 주식 투자하기 등 실질적 경제 활동을 목표로 해 볼 수도 있겠지요.

실제로 영어 경제지 읽기 모임인 북클러버 구성원들은 1년 넘게 참여하면서 영어 공부와 함께 경제 지식도 쌓을 수 있어 일석이조의 효과를 얻었다고 합니다. 심지어 이 모임에 열정적으로 참여하는 10명이 모여 그 동안 북클럽에서 얻은 지식을 바탕으로 미국 주식에 투자하는 활동을 함께 하기도 했는데, 북클럽에서 쌓은 탄탄한 경제 지식 덕분에 소소한 성과가 있었다고 합니다. 북클럽에 더 열심히 참가할 수밖에 없겠지요.

셋째, 주기, 방법, 규칙 정하기

목표를 정했다면 북클럽이 잘 운영되기 위한 주기를 정합니다. 1주일에 한 번 만날지, 2주일에 한 번 만날지, 한 달에 한 번 만날지를 정합니다. 북클럽의 사정, 특징에 따라 결정하면 됩니다. 예를 들어, 청소년 독서클럽이 매주 2~3시간씩 모임을 갖는다면 규칙성이 생기면서 습관을 만들거나 학습 능력을 향상시키는 데에 도움이 됩니다. 일상에 바쁜 성인이라면 2주에 한 번이나 한 달에 한 번의 주기로 만나는 것이 좋습니다. 물론 주기에 정답은 없습니다. 북클럽의 사정에 따라 지속해서 만남을 계속하는 것이 중요합니다.

주기를 정했다면 어디서 만날지 정합니다. 대면 모임 시에는 장소를 정해야 하는 어려움이 있습니다. 이 과정에서 장소 대여 비용이 발생하기도 합니다. 만약 정기적으로 이런 비용이 발생한다면 모임 회비도 이때 결정해야 합니다.

북클럽 모임에 활용할 수 있는 공간은 다양합니다. 청소년들이 이용하는 공간을 대여하거나 학교 동아리실, 도서관이나 자치센터의 공간, 카페나 스터디룸, 구성원의 집 등을 이용할 수 있습니다. 온라인 모임의 경우에는 장소 문제가 발생하지 않습니다. 기본적으로는 오프라인으로 만나지만 사정에 따라 온라인으로 만나거나, 일부 구성원은 오프라인, 일부 구성원은 온라인으로 복합적으로 참여하는 것도 가능합니다. 물론 반대의 경우도 가능합니다. 주모임은 온라인에서 하고 한 달에 한 번 정도 대면 모임을 갖는 것도 가능합니다.

규칙을 정하는 것도 필요합니다. 책은 미리 읽어 와야 하는지, 함께 모임에서 읽을지, 내용을 요약하거나 발제를 준비해와야 하는지, 모임 진행은 리더가 할지 발제자가 할지, 자유롭게 토론하는 방식으로 할지 등을 정합니다. 또 북클럽 운영에 필요한 비용이나 동기부여를 위해 회비를 얼마로 할지, 결석했을 때는 어떻게 할지 등 세부적인 것들까지 꼼꼼하게 규칙을 정합니다.

넷째, 도서 선정하기

북클럽에서 가장 중요한 일, 바로 어떤 책을 읽을 것인가를 정해야 합니다. 읽을 도서는 북클럽 구성원의 특성과 주목표에 따라 정합니다. 만약 어린 자녀가 포함된 가족 북클럽이라면 자녀를 위한 도서를 고르는 것이 좋습니다. 공부를 목적으로 모인 북클럽이라면 목표로 하는 공부를 위한 도서를 함께 논의해서 정합니다. 가볍게 시작하고 싶다면 각자 읽고 싶은 책을 한 권씩 골라 읽어도 좋습니다.

매번 모임마다 읽을 도서를 선정하는 것보다는 분기별로, 또는 특정 횟수로 기준을 정해 읽을 책을 정합니다. 예를 들어, 분기별로 매주 모인다면 12차의 책 목록을 정하면 됩니다. 물론 한 번에 책 한 권을 모두 읽어야 하는 것은 아닙니다. 선정한 책에 따라 한 번에 읽을지, 몇 번에 나누어 읽을지 결정합니다. 이 내용은 뒷부분에서 더 자세히 다루겠습니다.

다섯째, 다음 모임 안내하기

북클럽에 필요한 내용을 모두 정했다면 다음 모임을 안내하고, 다음 모임 때까지 읽을 책과 과제 등 준비해야 할 것을 안내하고 마치면 됩니다. 모임에서 정한 규칙에 따라 리더나 연락을 담당한 모임원이 모임에 대한 소식을 전달하고 안내합니다.

> **북클럽 첫 모임에서 해야할 것**
>
> 리더 정하기 → 목표 정하기 → 모임 주기, 방법, 규칙 정하기 → 도서 선정하기 → 다음 모임 안내하기

03

어떤 책을 어떻게 읽지?

북클럽을 운영할 때 가장 중요하면서도 어려운 일은 도서를 선정하는 일입니다. 이럴 때에는 도서를 선정하여 목록을 만들기 전에 각 모임의 목적과 특색에 맞는 '선정 기준'과 '선정 방식'을 정하는 것이 중요합니다. 선정 기준과 선정 방식은 도서 목록을 정할 때 반드시 지켜져야 하는 헌법이라고 생각하면 됩니다.

도서의 선정 기준은 어떤 도서를 선택할 것인가에 대한 규칙입니다. 모임 주기나 도서 목록 적용 기간, 선정할 도서의 주제나 장르나 작가 등에 따라 달라질 수 있습니다.

도서의 선정 방식은 누가, 어떻게 도서를 선택할 것인가에 대한 규칙입니다. 도서를 선정하기 위한 규칙들을 미리 정해두고, 그 안에서 도서를 선택하면 모임 구성원 사이의 이견을 줄일 수 있습니다. 도서 선정 기준과 선정 방식을 정할 때에는 다음과 같은 점을 고려하면 됩니다.

책 선정 기준을 정할 때
고려해야 할 사항

모임 주기에 따라

북클럽이 정규적으로 모이는 주기를 고려합니다. 정규 모임 주기에 따라 읽을 수 있는 도서의 권 수 또는 페이지 수나 챕터 분량 등이 다를 수 있습니다. 예를 들어, 일주일에 두 번 모이는 모임과 한 달에 두 번 모이는 모임은 물리적으로 읽을 수 있는 도서의 분량이나 모임의 목적 자체에 차이가 날 수 있습니다.

도서 목록 적용 기간에 따라

도서 목록을 적용할 기간을 고려합니다. 도서 목록 적용 기간 역시 각 모임의 모임 주기에 맞추면 편리합니다. 예를 들어, 1주일에 한 번 모여 한 권의 책에 대하여 이야기하는 모임이 있다면, 이 모임은 매번 모임에서 그다음 모임의 책을 선정해도 좋습니다. 한 달을 기준으로 4번 모인다고 정하고, 한 번에 4권의 도서를 선정할 수도 있습니다. 또는 분기에 맞춰 12권의 도서를 미리 선정해 놓을 수도 있습니다.

도서 목록 적용 기간을 미리 정하면 도서를 선정하는 데 들이는 시간과 노력을 줄일 수 있고, 미리 정해진 목록을 참고하여 북클럽을 홍보할 때 사용할 수도 있습니다. 또, 모임 구성원의 참여를 유도하고 예측하는 등의 모임 운영에 도움이 됩니다.

선정할 도서의 주제, 장르, 작가 등에 따라

세상에는 너무나 많은 책이 있습니다. 대한출판문화협회의 '출판 시장 통계 연구보고서'에 따르면, 우리나라의 신간 발행은 2020년에 8천1백만 권이 넘고, 2021년에는 7천9백만 권이 넘습니다. 그러므로 각 모임에서 읽어야 할 책, 읽고 싶은 책을 선정하기 위해서는 읽을 주제의 범위를 설정하는 것이 도서를 선정하는 데 중요한 기준이 됩니다.

각 모임의 목적과 특색에 맞게 도서의 선정 범위를 정하려면 어떻게 해야 할까요? 먼저 각 모임의 목적을 구체화해야 합니다. 예를 들어, 고전문학 읽기 모임이나 추리소설 읽기 모임 혹은 역사 분야 책 읽기 모임, 경제 분야 책 읽기 모임 등 구체적인 모임의 목적을 정합니다.

그 후에 모임 주기와 모임 구성원의 선호도 등을 고려하여 더 세부적인 범위를 설정합니다. 고전문학 읽기 모임이라면 첫 분기에 읽을 12권의 목록을 '한국의 근대문학'으로 정한다든지, 경제 분야 책 읽기 모임이라면 '가상화폐 투자에 관한 책'을 4권 선정하는 식입니다. 이렇게 범위가 구체적일수록 도서 선정에 어려움이 덜합니다. 그리고 이런 주제는 북클럽의 필요에 따라 자유롭게 결정하면서 읽어가면 됩니다.

책 선정 방식을 정할 때
고려해야 할 사항

선정 주체

도서 선정을 책임질 사람혹은 그룹을 정합니다. 크게 '운영자운영진가 선정하는 방식'과 '모임 구성원들이 협의하여 정하는 방식'이 있습니다.

운영자나 운영진에서 도서를 선정하는 모임은 구성원 협의 방식의 모임보다 운영자의 의무와 책임이 조금 더 강하다는 특성이 있습니다. 이런 모임에서는 운영자가 미리 모든 규칙을 정하고 구성원들은 규칙을 따르기만 하면 되기 때문에, 운영자가 주도해 도서를 선정하면 됩니다.

구성원 협의 방식을 따르는 모임에서는 많은 규칙을 구성원들 모두와 함께 정하게 됩니다. 위에서 언급한 모임의 주기, 도서 목록 선정 기간, 도서 분야, 그리고 도서 결정 방식 등 대부분을 민주적으로, 많은 구성원의 협의를 끌어내서 결정해야 합니다. 구성원의 다양함을 반영할 수 있지만 운영자 선정 방식보다 많은 시간과 노력이 수반됩니다.

도서 결정 방식

어떻게 도서와 도서 목록을 확정 지을 것인지를 정합니다. 이때 운영자 선정 방식의 모임보다 구성원 협의 방식을 따르는 모임에서 결정 방식의 차이가 보다 뚜렷하게 나타납니다. 운영자 선정 방식의 모임에서는 이견 발생이 크지 않기 때문입니다. 결정 방식에는 일반적으로 투표, 제비뽑기 그리고 전문가 추천 등의 방법이 있습니다.

투표 방식은 여러 의견으로 모인 다수의 도서 중 도서 목록으로 정하고 싶은 도서에 구성원이 투표하는 방법입니다. 가장 민주적인 결정 방식이지만, 시간이 지나면서 일부 구성원이 추천한 도서만 계속 선정되어 불만이 생기는 경우도 있습니다. 원활하고 화목한 모임 운영을 위해서는 제비뽑기 방식이 좀 더 낫습니다.

전문가 추천 방식은 다양한 매체를 통해 다른 사람들이 선정해 놓은 도서 목록 자료를 따르는 방법입니다. 이미 도서가 선정되어 있어 도서 선정과 목록 구성에 필요한 시간과 노력을 아낄 수 있고, 미처 몰랐던 도서를 알게 될 수도 있습니다. 하지만 다른 방식들보다 구성원들의 선호도가 적게 반영되는 방식입니다. 또 도서를 선정하고 매체에 등록한 전문가에 대한 신뢰도 문제도 있을 수 있습니다.

고전 읽기

21세기를 사는 인류는, 인공지능과 사물인터넷을 넘어 메타버스의 세계로 나가고 있습니다. 세상은 매우 빠른 속도로 변화하고 있고, 그 세상에 익숙해지기 위해서 수많은 새로운 정보를 수집하기에도 바쁜 것이 현실입니다. 변화하는 세상을 따라가지 못하다 보면 외로운 섬에 나 혼자 동떨어져 있는 기분이 들기도 하고, 생활 전반의 많은 부분에서 불편함을 느끼게 되기도 합니다.

그런 우리가 왜, 과거의, 지나간 정보인 고전을 읽어야 하는 걸까요? 왜 아직도 세상을 이끌어가는 많은 지식인과 지도자들이 꼭 읽어야 하는 필수 도서 리스트를 고전들로 채우는 걸까요?

그건 우리가 역사를 배워야 하는 이유와 크게 다르지 않을 것입니다. 우리는 역사를 배울 때 지나간 옛이야기로만 생각하고 배우지는 않습니다. 역사는 지금 우리가 사는 땅, 지금 우리가 합의한 약속과 질서, 지금 우리가 추구하는 가치관, 그리고 바로 지금 우리 그 자체의 싹이고 뿌리이며 줄기입니다.

역사를 모른다면 지난 인류가 힘겹게 이뤄낸, 지금의 우리가 당연하다고 누리고 있는 많은 가치의 의미가 퇴색될 수 있습니다. 예를 들어, 지금은 너무나 당연하다고 생각되는 '자유와 평등'은 세상 누구에게나 주어지는 인간의 가장 기본적인 권리지요. 그런데 사실 이런 가치는 과거의 수많은 사람의 희생으로 만들어진 결과라는 것을 우리는 알고 있습니다. 만약 우리가 '자유와 평등'이 힘겹게 얻어낸 약속이라는 것을 모르거나 잊는다면 언제든 인류는 그 가치를 쉽게 저버리고 억압과 차별의 시대로 돌아가게 될지도 모릅니다.

또 인류는 수많은 세월 동안 진화하고 변화해 왔지만, 변하지 않은 공동의 가치들을 발견해 왔습니다. "요즘 젊은 사람들은 버릇이 없어. 우리 때랑은 달라."라는 말을 하거나 듣는 경우가 있을 것입니다. 그런데 이 말은 비단 오늘날의 이야기만은 아닙니다. 기원전 1700년경 수메르인들이 남긴 점토판에도 "요즘 젊은이들은 버릇이 없다." 라는 말이 쓰여있다고 합니다. 현재의 인류가 공통으로 추구하고자 하는 중요한 가치는 과거의 인류와 크게 변하지 않았습니다. 풀기 어려운 문제나 고민이 있다면 고전을 읽어보세요. 지금과 비슷한 질문을 하고 비슷한 고민을 했던 과거의 경험과 지혜를 만날 수 있습니다. 현재의 고민을 해결하고 결정하고 미래를 향한 삶의 큰 방향을 정하는 것에 도움을 받을 수 있을 것입니다.

고전을 처음 만나 읽기에 어려움을 느끼는 분들은 축약본을 읽는 것도 방법입니다. 초등 고학년에서 중학생을 대상으로 나온 축약본 중에는 해당 고전이 전하고자 하는 바를 이해하기 쉽게 축약해 놓은 좋은 책들이 많이 있습니다. 초등 고학년이나 중등생 자녀를 두신 분들이라면 더욱 추천합니다.

만약 고전의 원서 읽기에 도전하고 싶다면, 19세기 영국의 철학자이자 경제학자인 존 스튜어트 밀의 독서법을 추천합니다.

존 스튜어트 밀의 독서법

❶ 어려운 고전의 경우, 저자에 대해서나 원서의 내용을 쉽게 해설해 놓은 책(해설서, 요약서)을 먼저 읽는다.

❷ 원서를 읽되, 소리 내어 빠른 속도로 읽는다. 이해가 되지 않더라도 한 번 훑어본다는 느낌으로 끝까지 빠르게 통독한다.

❸ 처음부터 다시 정독한다. 이해되지 않는 부분은 반복해서 읽는다. 읽는 도

중 자신의 의견이 생기면 메모한다.

④ 다시 한번 정독한다. 2회 정독이 끝나면 주요한 구문을 필사하면서 소리 내어 읽는다.

다음은 미국 시카고 대학교가 존 스튜어트 밀의 독서법을 토대로 만든 '시카고 플랜'의 목록 일부입니다.

시카고 플랜 고전 도서 추천_ 문학

- 《오이디푸스왕, 안티고네》
- 《오디세이》
- 《맥베스》
- 《햄릿》
- 《돈키호테》
- 《걸리버여행기》
- 《허클베리 핀의 모험》

시카고 플랜 고전 도서 추천_ 비문학

- 《소크라테스의 변명》
- 《플라톤 향연》
- 《시학》
- 《군주론》
- 《국부론》

- 《공산당선언》
- 《미국독립선언서》

어른을 위한 동화 읽기

국어사전에서 '동화'의 정의를 찾아보면 다음과 같습니다.

동화⁶(童話) [명사] [문학] 어린이를 위하여 동심(童心)을 바탕으로 지은 이야기. 또는 그런 문예 작품. 대체로 공상적·서정적·교훈적인 내용으로 되어 있다.

'어린이를 위하여'를 기준으로 본다면, 어린이가 아닌 사람들이 동화를 읽을 필요가 없습니다. 그러나 '동심'과 '서정적'에 방점을 찍는다면, 어쩌면 동화는 '어른이'를 위한 것일지도 모르겠습니다. 왜 다큰 어른이 동화를 읽어야 할까요?
이번에는 '어른'이라는 단어를 국어사전에서 찾아보았습니다.

어른¹ [명사] 다 자란 사람. 또는 다 자라서 자기 일에 책임을 질 수 있는 사람.

어른의 의미로 가장 먼저 나오는 문장입니다. 2015년 OECD 발표에 따르면 한국 어른들의 연간 근로 시간은 2,124시간으로 근로 시간이 많은 순서로 순위를 정했을 때 OECD 국가 중 2위였습니다. 이는 당시 OECD 35개국의 연간 평균 근로 시간 1,770시간과 비교해 보면 한 달 반을 더 일하는 것이었다고 합니다.

이 당시 1위는 멕시코였는데 여기서 주목할 만한 사실은 따로 있었습니다. OECD 국가 중 연평균 근무 시간 순위 1위를 차지한 멕시코는 살인율에서 순위가 1위인 것에 반해 한국은 자살률이 1위였다는 것입니다. 2020년 발표에서 한국의 연간 근로 시간은 1,908시간으로 2014년에 비해서는 감소했지만, 그래도 여전히 근로 시간이 많은 국가 3위에 올라가 있으며 여전히 자살률은 1위를 유지하고 있습니다. 사실 굳이 이런 통계를 보지 않아도 한국의 어른이가 동화를 읽어야 하는 이유를 찾을 수도 있을 것 같습니다.

여러분은 혹시 어린 시절의 꿈, 바람, 소망 등이 기억나시나요? 한 번 떠올려보세요. 아주 어릴 때는 소방차나 로봇이 되고 싶었던 분들도 계실 겁니다. 기억나지 않는다면 부모님께 확인해보세요. 그런 친구들이 주변에 꼭 있거든요. 또 어떤 분들은 커서 아빠와 결혼하겠다는 약속을 하기도 했을 거고, 또 누군가는 포켓몬 빵에 든 스티커를 종류별로 모으기 위해 빵을 요리조리 돌려보며 무엇이 나올지 예측해 보기도 했을 거예요.

어릴 적 추억을 더 떠올려볼까요? 멀어진 친구의 마음을 돌리기 위해 열심히 편지를 쓰기도 했고, 직접 만든 카네이션을 받고 기뻐하실 부모님의 얼굴을 떠올리며 즐겁게 색종이로 카네이션을 만들기도 했을 겁니다.

요즘은 어떤가요? 지금 이뤄지길 바라며 마음에 품고 있는 어떤 것이 있나요? 혹시 어린 시절과 비교해보니 같은 것을 해도 그때보다 덜 즐겁고 주변에 대해서도 덜 궁금해하지는 않나요? 혹시 지금 마음속에 품고 있는 간절한 바람이 세상의 기준이 아닌 나 자신이 진정으로 바라는 것이 맞나요? 나 자신이 진정으로 바라는 것이라고 확신할 수 있나요?

우리는 자기 일에 책임을 지기 위해 너무나도 지나치게, 열심히 살아갑니다. 그렇기 때문에 온전한 나를 살펴볼 시간이 부족하고, 진정으로 중요하고 소중한 많은 것들을 잊고 놓치며 살아가고 있는지도 모릅니다. 그동안 어른으로 열심히 살기 위해서 조금은 무심하게 내버려 두었던 나를 위해서 동화를 읽어보는 건 어떨까요? 아마도 어릴 때 읽었던 이야기 속에서 새로운 교훈을 얻게 되거나, 처음 읽는 이야기를 통해서는 그동안 소홀히 했던 내 마음속 감정들을 알아챌 기회를 얻게 될지도 모릅니다.

어른이를 위한 동화

- 《알사탕》 백희나 저, 책읽는곰, 2017
- 《회색 아이》 루이스 파레 글, 구스티 그림, 남진희 옮김, 불광출판사, 2014
- 《세상 끝에 있는 너에게》 고티에 다비드, 마리 꼬드리 저, 이경혜 옮김, 모래알, 2018
- 《긴긴밤》 루리 저, 문학동네, 2021

- 《조커-학교가기 싫을 때 쓰는 카드》 수지 모건스턴 저, 미레이유 달랑세 그림, 김예령 옮김, 문학과지성사, 2000

- 《어린 왕자》 앙투안 드 생텍쥐페리 저, 황현산 옮김, 열린책들, 2015

- 《이상한 나라의 앨리스》 루이스 캐럴 저, 존 테니엘 그림, 시공주니어, 2019

- 《적》 다비드 칼리 글, 세르주 블로크 그림, 안수연 옮김, 문학동네, 2008

- 《모캄과 메오》 김송순 글, 원혜영 그림, 문학동네, 2006

- 《마당을 나온 암탉》 황선미 글, 김환영 그림, 사계절, 2002

경제 도서 읽기

많은 사람이 새해 계획 또는 독서 계획을 세울 때 경제 관련 도서를 꼭 넣습니다. 야심 차게 도전해보지만 한 권을 완독하지 못하고 중간에 포기하는 경우가 많습니다. 이 세상을 살아가면서 꼭 알아야 할 것 같은 것이 경제인데, 많은 사람이 경제가 뭔지 잘 모르겠다고 합니다. 그래서 책을 좀 볼까 하지만 경제 관련 도서들 또한 이해하기 어렵습니다. 심지어 지루하기까지 합니다.

그렇지만 경제에 대한 지식을 갖추는 것은 이 세상을 살아가는 모두에게 중요한 일입니다. 경제는 곧 현실이기에, 특히 요즘과 같은 세상에서 경제가 어떻게 돌아가는지 이해하는 지식이 없다면 여러 가지 면에서 손해를 보며 살아갈 수밖에 없습니다.

중요성을 알지만, 매번 포기하게 되는 경제 도서 읽기, 어떻게 읽는 것이 좋을까요?

혼자서 읽기보다는 같이 읽으면 더욱 효과가 커진다는 장점이 있습니다. 아프리카 코사족의 속담인 '빨리 가려면 혼자 가고, 멀리 가려면 함께 가라'는 말처럼 다른 사람과 같이 읽으세요. 이런 책을 북클럽에서 함께 읽으면 포기하지 않고 지식을 채우는 것은 물론 재미까지 느끼며 완독할 수 있게 됩니다.

경제 관련 도서 선정 기준

① 최근의 경제 흐름을 알 수 있는 베스트셀러를 읽는다.

② 경제의 기본이 되는 경제 고전을 읽는다.

③ 전략적으로 읽는다. 예를 들어, 큰 그림을 그릴 수 있는 거시적인 관점을 가진 책부터 시작해서 미시적인 관점을 가진 책 순서로 읽는다.

[추천 1] 경제를 바라보는 시각을 갖게 하고 흐름을 읽을 수 있는 책

다음의 추천 도서는 특정 주제에 대해 잘 설명된 책들입니다. 예를 들어 자본주의에 대해 알고 싶다면 《시골빵집에서 자본론을 굽다》를 읽고 자본주의의 기본 개념을 쉽게 이해한 다음, 더 나아가 《그들이 말하지 않는 23가지》를 읽어 자본주의의 명암을 이해할 수 있습니다. 이런 경제 관련 책들을 필요에 따라 전략적으로 읽는다면 경제를 바라보는 자신만의 관점을 갖고 나의 경제를 해석하고 경제 계획을 세울 수 있게 됩니다.

- 《금융은 어떻게 세상을 바꾸는가》 이종태 저, 개마고원, 2014

  → 경제와 금융에 대한 기초 지식

- 《시골빵집에서 자본론을 굽다》 와타나베 이타루 저, 정문주 옮김, 더숲, 2014

  → 자본주의 개념 이해

- 《죽은 경제학자의 살아있는 아이디어》 토드 부크홀츠 저, 류현 옮김, 김영사, 2009 / 《죽은 경제학자의 살아있는 아이디어, 금융 투기의 역사》 에드워드 챈슬러 저, 강남규 옮김, 국일증권경제연구소, 2021

  → 경제의 역사와 경제사상 이론

- 《그들이 말하지 않는 23가지》 장하준 저, 김희정·안세민 옮김, 부키, 2010

  → 자본주의의 숨겨진 비밀과 부작용

- 《시골 의사의 부자 경제학》 박경철 저, 리더스북, 2011

  → 돈과 저축에 관련된 투자 현실적이며 실용적인 관점 소개

- 《화폐 전쟁 1-4》 쑹훙빙 저, 홍순도·차혜정 옮김, RHK, 2020

  → 현대 경제 흐름, 앞으로 어떻게 예상되는지 중요한 맥짚기

- 《경제학 콘서트》 팀 하포드 저, 김명철 옮김, 웅진지식하우스, 2006

  → 우리 주변의 일상적인 현상, 특히 경제 현상 알기

[추천 2] 경제 인플레이션 또는 시장 경기 관련 주제의 책

다소 어려운 주제입니다. 우선 경제학자들이 바라보는 이론을 중심으로 경제를 이해한 후 자본주의와 연결해 봅니다. 이후 인플레이션과 부의 관계를 이해하고, 최근 세계 경제를 움직이는 연방준비제도의 정책들과 부가 어떤 관련이 있는지 이해한다면 시장의 흐름을

읽고 예측하는 데 도움이 됩니다.

- 《경제학자들은 왜 싸우는가》 질 라보 저, 권지현 옮김, 서해문집, 2015

  → 주요 경제학자 4명의 이론을 통해 경제 이해
- 《EBS 다큐프라임 자본주의》 EBS 자본주의 제작팀 저, 가나출판사, 2013

  → 자본주의와 현상 이해하기
- 《인플레이션》 하노 벡·우르반 바허·마르코 헤르만 저, 강영옥 옮김, 다산북스, 2021

  → 인플레이션과 부의 관계를 이해
- 《부의 골든 타임》 박종훈 저, 인플루엔셜(주), 2020

  → 세계 경제를 움직이는 연방준비제도를 통해 부의 사이클 알기

[추천 3] 초등학생이 쉽게 경제를 배울 수 있는 책

초등학생들에게도 경제 관련 도서는 쉽지 않습니다. 한자 어휘에 익숙한 아이들이나 배경지식이 있는 아이들은 쉽게 읽을 수 있지만, 그렇지 않은 경우는 오히려 흥미가 떨어질 수 있으므로 아이들과 같이 책을 선택하기를 권합니다. 경제 관련 도서는 초등 교육과정 3학년부터 사회 과목에서 배우므로 초등 중학년부터 읽기 시작하면 좋습니다. 경제 책을 읽을 때는 경제 관련 개념어를 정확히 이해하고 기억하는 것이 좋습니다.

초등 중학년 추천 도서
- 《아하, 그렇구나. 경제의 모든 것》 오주영 저, 오성봉 그림, 채우리, 2015

→ 쉽게 경제 개념 익히기

- 《우리 동네 경제 한바퀴》 이고르 마르티나슈 저, 허지영 그림, 김수진 옮김, 책속물고기, 2017

  → 우리 동네 이야기로 경제 개념 익히기

- 《착한 소비가 뭐예요?》 정우진·서지원·조선학·나혜원 저, 박정인 그림, 상상의집, 2011

  → 착한 소비의 개념과 실천 방법 소개

- 《오늘은 용돈 받는 날》 연유진 저, 간장 그림, 풀빛, 2021

  → 현실적인 용돈 관리를 중심으로 경제 개념을 설명

- 《10원으로 배우는 경제 이야기》 미셀 르 뒤크·나탈리 토르주만 저, 이브 칼라르누 그림, 조용희 옮김, 풀과바람, 2002

  → 돈을 중심으로 경제를 설명

- 《1+1이 공짜가 아니라고?》 이정주 저, 강은옥 그림, 개암나무, 2018

  → 사례를 중심으로 경제와 소비에 대해 소개

초등 고학년 추천 도서

- 《아기 돼지 삼 형제가 경제를 알았더라면》 박원배 저, 송연선 그림, 스푼북, 2022

  → 옛이야기로 경제 배우기

- 《열두 살에 부자가 된 키라》 보도 섀퍼 저, 원유미 그림, 김준광 옮김, 을파소, 2014

  → 어린이 경제교육에 도움이 되는 책

- 《10대를 위한 요즘 경제학》 김나래·이에라 저, 한하림 그림, 미래엔아이세움, 2021

  → 이슈를 중심으로 경제와 사회 전반 흐름 소개

유발 하라리는 저서 《사피엔스》에서 인간은 약 7만~ 3만 년 사이에, 어떤 우연에 의하여 눈에 보이지 않는 것들을 상상하고 소통하는 능력, 즉 '상상의 질서'들을 만들어냈다고 했습니다. 유발 하라리는 이를 '인지 혁명'이라고 부릅니다. 인지 혁명을 거치면서 인류는 자신이 본 것, 경험한 것을 바탕으로 추론한 것, 상상한 것들을 더하여 인류의 '지식'으로 축적할 수 있게 된 것이지요. 이후 인류는 더 많은 정보를 정돈하고 처리하기 위하여 '글자'를 발명하게 되었고, 이것이 곧 '책'이 됩니다. 인류는 책을 발명하고 지식을 공유하며 점차 자신을 둘러싸고 발생하는 현상들을 합리적으로 이해할 수 있게 되었습니다.

우리가 가장 '인간답다'라고 말할 수 있는 순간이 언제라고 생각하시나요? 인류는 과학적 사고 과정을 거치며 자연 현상의 원리와 이치들을 밝혀낼 수 있게 되었습니다. 지구의 자전과 공전, 물체가 아래로 떨어지는 이유, 인간이 죽고 태어나는 것 등이 바로 우리가 밝혀낸 대자연과 우주의 이치들입니다. 우리는 이것을 우연히 신에게서 얻은 것이 아니라 끊임없이 관찰하고, 그것이 왜, 어떻게 발생했는가에 대해 가설을 세우고 탐구하며 실험을 통해 증명해 낸 것이지요. 심지어는 다른 과학자나 이론가로부터 '옳은가?'에 대한 도전도 끊임없이 받으면서 말입니다.

과학책을 읽는 이유 1
유토피아 대신 '프로토피아'를 꿈꾸며 과학책을 읽습니다

마이클 셔머는 저서 《도덕의 궤적》에서 과학적 사고야말로 우리가 사는 세상을 더 나은 곳으로 바꿔준다고 말합니다. 그래서 과학적 사고 과정을 통해 우리가 사는 곳을 허상의 유토피아가 아닌, 점진적인 진보의 공간 '프로토피아'로 만들자고 주장합니다. 쉽게 말하면 어떤 편견이나 고정관념에 사로잡히지 않은 채 현상을 있는 그대로 바라보며 더 나은 곳으로 문제를 해결하며 살아갈 수 있도록 도와주는 것이 바로 과학이고, 과학적 사고 과정이라는 것입니다. 우리가 서로를 인간이라는 같은 종의 눈으로 바라보면 인종 차별, 젠더 갈등도 실마리를 풀 수 있다고 작가는 주장합니다. 동의하시나요? 우리가 자연을, 인간을, 인간이 사는 사회를 최대한 객관적으로 바라보고 자연과 공존하는 방법을 찾아가다 보면, 그렇게 과학적으로 사고하며 문제를 해결하다 보면 프로토피아를 만들어 갈 수 있다는 것입니다.

어떤가요? 우리가 과학책을 읽어야 하는 이유가 조금은 눈앞에 그려지시나요?

과학책을 읽는 이유 2
과학책은 재미있습니다

무엇보다 과학책은 재미있습니다. 세상에, 개미처럼 열심히 일하자고 생각하며 살았는데 실제 일개미 중 30%만 일한다는 사실을 알고 있었나요? 고래가 수천 년 전에는 재규어처럼 생긴 메소닉스였다

는 것은요? 고래의 똥이 적게는 수백만 원, 많게는 수억 원에 팔린다는 사실은요? 그냥 지나칠 수도 있는 이러한 재미난 과학적 사실들은 세상에 호기심을 갖게 하고, 경이로운 세상을 보여주며, 우리의 삶을 좀 더 풍성하게 만듭니다.

'어떤 과학책을 보아야 할까?'라고 묻는다면 먼저 관심 있는 분야부터 보기를 추천합니다. 『생각의 탄생』에서는 생물에서 화학으로, 지구과학에서 물리 분야의 순서로 책을 봅니다. 이후에는 과학 통섭서를 보도록 권합니다. 그 이유는 생물이 우리 눈에 보이는 것을 다루는 분야이고 우리가 실제 '생물'이기도 해서 가장 쉽게, 직관적으로 이해할 수 있기 때문입니다. 그 이후에 세상을 이루는 것들의 원리인 화학을 이해하면 눈에 보이는 것들에 대한 이해를 마치게 되는 것이지요. 이후에는 물리 분야의 책을 보면서 눈에 보이지 않는 고차원의 사고를 하게 돕습니다. 물론 먼저 우주에 관심이 있다면 지구과학 분야의 책을 먼저 봐도 좋습니다.

[추천 1] 과학책을 처음 읽는 초등학생을 위한 책

과학책을 처음 읽는 초등학생들은 몸, 동물, 식물에 관한 책으로 시작하기를 추천합니다. 똥이나 방귀, 오줌에 관한 책도 좋습니다. 똥이나 방귀만큼 신나는 것은 없으니까요. 똥이나 방귀만으로도 미생물, 소화, 장기까지 무궁무진하게 자신의 앎을 확장시킬 수 있으니 시작이 '똥'이어도 너무 걱정하지 마세요. 또 과학 잡지 등에 실린 짧지만 흥미로운 기사를 통해 과학이라는 분야를 만나게 되기도 합니다.

실험 등의 활동을 해보거나 서울 과학관 혹은 삼청동의 과학책방 '갈 다' 같은 전문 책방에 가보는 것도 과학에 흥미를 갖고 책 읽기를 시 도할 수 있는 좋은 방법입니다.

- 과학 잡지 〈어린이 과학 동아〉, 〈동아사이언스〉
- 《아무도 몰랐던 동물들의 별난 오줌 생활》 폴 메이슨 글, 토니 드 솔스 그림, 김현 희 옮김, 위즈덤하우스, 2020
- 《미생물을 먹은 돼지》 백명식 저, 내인생의책, 2014
- 《사람이 뭐야?》 최승필 글, 한지혜 그림, 창비, 2015
- 《고래는 왜 바다로 갔을까》 과학아이 저, 엄영신·윤정주 그림, 창비, 2000
- 《과학이 된 흔적 똥화석》 제이콥 버코위츠 글, 스티브 맥 그림, 이충호 옮김, 주니어김 영사, 2007

[추천 2] 과학책을 즐겨 읽는 초등 중학년부터 고학년에게 좋은 책

이미 과학 분야에 관심이 있고 과학책을 읽을 수 있다면 초등 중학 년 기준으로 약 100페이지 정도 되는 책을 고르면 됩니다. 단권으로 관심 분야에 관한 책을 읽어도 좋고, 전집도 좋습니다. 한국사로 유명 한 용선생의 시끌벅적 과학 교실 같은 전집도 교과서와 연계되어 내 용이 잘 정리되어 있습니다. 아니면 만화로 된 How나 Who, Why 시 리즈도 좋습니다. 또 공상과학 소설을 통해 미래 사회를 상상해보거 나 현재 우리 사회에서 어떻게 구현되고 있는지 영감을 받는 것도 즐 거운 일입니다.

- 《장영실과 갈릴레오 갈릴레이》 윤영선·김슬옹 글, 정수 그림, 숨쉬는책공장, 2018

- 《이상희 선생님이 들려주는 인류 이야기》 이상희 글, 이해정 그림, 우리학교, 2018

- 《우리 몸을 흐르는 피와 혈액형》 백은영 글, 윤길준 그림, 뭉치, 2021

- 《우리 집 물 도둑을 잡아라》 최형미 글, 소복이 그림, 위즈덤하우스, 2014

- 《How? 미생물학의 아버지 파스퇴르》 한정호 글, 최병익 그림, 와이즈만북스, 2018

- 《미래가 온다, 바이러스》 김성화·권수진 글, 이강훈 그림, 와이즈만북스, 2019

- 《블랙아웃》 박효미 글, 마영신 그림, 한겨레아이들, 2014

[추천 3] 중등부터 성인을 위한 책

청소년의 경우, 관심 있는 분야의 고전으로 불리는 과학책 읽기에 도전해보기를 추천합니다. 예를 들어 우주에 관심이 많다면《코스모스》, 생물에 관심이 많다면《종의 기원》같은 책들이지요. 학생들은 이를 활용해 수행평가나 학교 보고서 및 탐구 대회에 활용할 수 있습니다. 다른 친구들과 차별화된 생활 기록부를 만들 수 있는 토대가 됩니다. 또 과학적 지식을 바탕으로 다른 학문이나 사회 문제와 접목해 생각할 수 있도록 통섭하고 융합해 쓴 책들도 좋습니다.

성인과 청소년 책은 읽기 난이도의 차이가 거의 없습니다. 청소년기는 과학의 신비한 세계를 누리고 즐길 수 있도록 준비된 나이라고 해야 할까요? 영화 속 과학을 설명해 주는 유튜브를 찾아보는 것도 좋습니다. 어려운 과학적 지식 역시 유튜브를 통해 쉽게 찾아볼 수 있으니 이를 적극적으로 이용하는 것을 추천합니다. 먼저 기본적인 개념이나 책의 구조를 익히면 과학책을 더 쉽게 읽을 수 있습니다.

- 《최재천의 인간과 동물》 최재천 저, 궁리출판, 2007

- 《사피엔스》 유발 하라리 저, 조현욱 옮김, 김영사, 2015

- 《랩걸 : 나무, 과학 그리고 사랑)》 호프 자런 저, 신혜우 그림, 김희정 옮김, 알마, 2017

- 《페인트》 이희영 저, 창비, 2019

- 《1984》 조지 오웰 저, 한기찬 옮김, 소담출판사, 2021

- 《기억 전달자》 로이스 라우리 저, 장은수 옮김, 비룡소, 2007

- 《코스모스》 칼 에드워드 세이건 저, 홍승수 옮김, 사이언스북스, 2006

- 《정재승의 과학 콘서트》 정재승 저, 어크로스, 2020

- 《질문이 답이 되는 순간》 김제동·김상욱·유현준·심채경·이원재·정재승·이정모·김창남 저, 나무의마음, 2021

- 《리처드 도킨스의 진화론 강의》 리처드 도킨스 저, 김정은 옮김, 옥당, 2016

- 《김상욱의 과학 공부》 김상욱 저, 동아시아, 2016

- 《이기적 유전자》 리처드 도킨스 저, 홍영남·이상임 옮김, 을유문화사, 2018

04

책에 관한 권리

책 읽을 권리를 누리세요

1. 책을 읽지 않을 권리

2. 건너뛰며 읽을 권리

3. 책을 끝까지 읽지 않을 권리

4. 책을 다시 읽을 권리

5. 아무 책이나 읽을 권리

6. 보바리슴을 누릴 권리 - 책을 통해서 전염되는 병

7. 아무 데서나 읽을 권리

8. 군데군데 골라 읽을 권리

9. 소리 내서 읽을 권리

10. 읽고 나서 아무 말도 하지 않을 권리

다니엘 페나크는 저서 《소설처럼》◆에서 침해할 수 없는 독자의 권리 10가지를 소개하고 있습니다. 이 권리는 우리에겐 언제 어디서든 책을 읽을 권리가 있다는 것을 말해 줍니다. 이 권리를 어떻게 더 잘 누릴 수 있을까요?

한 권의 책은 어떤 질문에 대한 대답이라고 합니다. 저자는 자신이 전달하고 싶은 메시지가 있을 것이고, 독자는 책을 읽으면서 자신만의 메시지를 만들게 됩니다. 그러므로 '이 책은 어떤 질문에 대한 대답을 하고 있는가?'라는 질문으로 책을 읽어가면 됩니다.

책을 이제 읽기 시작하는 단계의 독자라면 그림책을 활용해 보는 것도 좋습니다. 글자의 양이 적기도 하고, 그림이 함께하고 있어 추론하기가 수월합니다. 책의 앞표지, 뒤표지까지 이야기가 담겨 있거나 앞뒤 페이지가 연결되어 또 하나의 이야기를 들려주는 경우도 있습니다. 내용을 천천히 소리 내 읽으면서 의미 단위로 끊어 읽기를 하는 것이 좋습니다. 소리의 울림이 나의 귀를 통해 다시 들어오면서 책을 더 생생하게 느끼게 해줍니다. 하지만 의미를 생각하지 않고 소리 내 읽기에만 집중하다 보면 글자만 읽기에 바쁘고 의미를 파악하지 못할 수 있습니다. 그래서 뜻이 통하는 의미 단위로 끊어 읽는 것이 글의 내용을 잘 이해하는 좋은 방법입니다.

소리 내 읽기 힘들다면 차분하게 묵독하는 것이 좋습니다. 책의 내

◆ 《소설처럼》 다니엘 페나크 저, 이정임 옮김, 문학과지성사, 2018

용들이 더 잘 들어오기도 하고, 기억하기도 수월해집니다.

책 읽기에 좀 더 익숙한 독자라면 다산 정약용의 독서법인 '정독, 질서, 초서'를 활용해보시기 바랍니다.

과골삼천跏骨三穿 즉, 항상 양반다리로 앉아 글을 읽고 책을 써서 복사뼈에 구멍이 세 번이나 났다고 하는 일화가 있을 만큼 정약용은 매 순간 책을 펼쳐서 본분을 지키려 한 인물이었습니다. 그가 책 읽기에서 중요하게 여겼던 '정독'은 글을 꼼꼼하고 세밀하게 읽는 것을 말합니다. 한 장을 읽더라도 깊이 생각하면서 내용을 정밀하게 따져서 읽는 것입니다. 글쓴이가 주장하고 있는 점, 주제와 관련된 자료를 찾아보고 철저하게 근본을 밝혀내는 읽기 방법입니다. 어려운 말이나 용어, 문장이나 개념이 나오면 찾아서 확인해보고 책 읽기를 진행합니다. 정독의 중요성을 강조한 다산의 독서법은 자기 자식이었던 정학유에게 보낸 편지에도 그대로 담겨 있습니다. "수천 권의 책을 읽어도 그 뜻을 정확히 모르면 읽지 않은 것과 같다. 읽다가 모르는 문장이 나오면 관련된 다른 책들을 뒤적여 반드시 뜻을 알고 넘어가야 한다. 또한 그 뜻을 알게 되면 여러 차례 반복하여 읽어 너의 머릿속에서 떠나지 않게 하라."

다음으로 '질서'는 책을 읽을 때 깨달은 것이 있으면 잊지 않기 위해서 빨리 메모했던 방법을 말합니다. 학문의 바탕을 세우고 주견자기 주장이 있는 의견을 확립하는 데 도움을 주는, 스스로 하는 적극적인 독서법입니다. 다산은 기록을 중요하게 여겼습니다. 흔들리는 배 위에서도 쉴 새 없이 메모하고 또 시를 지었다고 합니다. 특히 경전 공부를 할 때 의심했던 부분에 대한 답을 얻게 되면 바로바로 메모하고 기록했다고 합니다.

마지막으로 책을 읽다가 중요한 부분이 나오면 베껴 쓰며 읽는 '초서'의 방법입니다. 필사하며 책을 읽을 때, 처음에는 무엇을 써야 할지 어려울 수 있습니다. 그렇다면 주제를 정하고 필요한 부분을 발췌, 조직함으로써 자신만의 지식을 얻을 수 있습니다. 다산은 초서를 함으로써 엄청난 양의 책을 쓸 수 있었다고 합니다. 책을 읽는 목적이 분명해야 텍스트에서 중요한 부분을 구별할 수 있고 취사선택도 쉬워집니다. 필사하며 책 읽기를 하다 보면 주제문에 대한 생각을 많이 하게 되고, 저자의 필력을 따라 해 보게 되어 문장 구성 능력도 생깁니다.

책 읽기는 읽고 싶다는 동기가 중요합니다. 그래서 환경과 조건을 만드는 것이 필요합니다. 책을 많이 읽고 싶다는 생각보다는 작은 것부터 실천하는 것이 필요합니다. 내가 좋아하는 분야, 어렵지 않은 도서, 내 수준에 맞는 도서로 부담 없이 시작하면 자신감이 생기기 시작합니다. 자신감, 주도감이 자연스럽게 생기고 능동적인 책 읽기를 하고 싶어집니다. 책 읽기는 남는 시간에 하는 것이 아니라 시간을 마련해서 해야 합니다. 그래야 읽게 됩니다.

책을 읽는 것은 여러분의 권리입니다. 어떻게 읽어도 좋지만 책 읽는 방법을 더 잘 안다면 더 많은 권리를 누릴 수 있습니다.

05

북클럽에서 실제 무엇을
어떻게 해야 할까?

전략적으로 책 읽기

책을 읽는다는 것은 읽을 책을 선택하고, 시간을 내야 하고, 생각해야 하는, 적극적인 활동입니다. 다시 말해 독서는 적극적으로 내가 선택한 책을 쓴 저자의 생각을 이해하고, 내 생각과 비교하며 점검하고, 책을 비판적으로 분석하며 나에게 적용해보는 일입니다.

이 독서의 과정에서 어떻게 하면 책의 정보와 저자의 생각을 잘 읽어낼 수 있을까요? 책을 효과적으로 잘 읽어낼 방법이나 기술이 있을까요?

책 가볍게 살펴보기

어떤 분들은 책을 읽으려고 마음먹으면 책 표지도, 목차도 제대로 살피지 않고 내용부터 읽기 시작하는 경우가 많습니다. 하지만 먼저 읽을 만한 책인지, 또 내가 고른 책이라면 어떤 내용을 담고 있는지 전체적으로 살펴보는 것이 필요합니다.

그래서 본격적으로 읽기 전에 대충이라도 훑어보거나 관심 있는 부분을 일부 읽어보는 것이 좋습니다. 이 과정에서 이 책이 어떤 종류의 책인지, 이 책을 쓴 저자의 의도가 무엇인지 알 수 있습니다.

겉표지, 속표지, 저자를 보세요

표지에는 책에서 말하고 싶은 가장 핵심적인 내용을 정리해놓은 경우가 많습니다. 표지를 보면서 제목의 의미나 내용을 추론해보세요. 그리고 저자를 꼭 살펴보세요. 저자의 이력이나 그동안 쓴 책을 보면 그 저자가 쓴 책의 내용들을 신뢰할 만한지 알 수 있습니다.

서문을 보세요

서문을 그냥 넘기는 경우가 많은데, 서문을 읽는 것은 책의 지도를 보는 것과 같습니다. 이 책이 어떤 분야의 책인지, 저자가 어떤 질문을 가졌는지, 무엇을 목표로 썼는지, 어떤 주제를 어떤 관점에서 어떤 방식으로 보여줄지를 안내합니다. 특히 비문학 도서의 경우 서문을 읽는 것이 책을 쉽게 읽고 이해하는 데 도움이 됩니다.

목차를 보세요

목차는 책의 저자가 자신이 책 속에서 말하고자 하는 의도를 일목

요연하게 정리해놓은 것입니다. 목차를 보면 책이 어떤 내용을 담고 있는지 알 수 있습니다. 내가 원하는 내용이 있는지, 그렇다면 나는 어떤 순서로 책을 읽을지 정할 수 있고, 내가 관심이 있는 부분은 어느 부분인지도 알 수 있습니다. 또 목차를 보고 원하는 부분만 먼저 읽어보면 제목만 보고 선택한 것은 아닌지 미리 내용을 점검해볼 수도 있습니다.

띄엄띄엄 읽어보세요

책을 가볍게 넘기면서 눈이 가는 제목이나 내용을 가볍게 읽어보세요. 꼼꼼하게 읽지 않아도 미리 내용을 훑어보면 다음에 꼼꼼하게 읽을 때 읽기가 훨씬 쉬워집니다. 가볍게 읽을 때는 짧은 시간에 처음부터 끝까지 훌훌 넘기면서 살펴보면 됩니다.

책 적극적으로 읽기

책 또는 어떤 텍스트든 적극적으로 읽을 때는 아래와 같은 기본적인 질문을 던지고 답하면서 읽어보세요.

❶ 이것은 무엇에 관한 글인가?

❷ 그것에 대해 어떻게 자세하게 말하고 있는가?

❸ 맞는 말인가?

❹ 책의 정보, 내용을 아는 것이 어떤 의미가 있을까?

이런 질문을 던지면서 읽어야 책을 제대로 이해하고, 분석하며 읽었다고 할 수 있습니다. 단지 재미만 있으면 되는 것 아니냐고요? 물론 재미도 있어야 하지만, 우리가 책을 읽을 때는 재미 이상의 것을 얻을 수 있어야 합니다.

전략적으로 책 읽기 ① 책 가볍게 살펴보기

○ 겉표지, 속표지, 저자를 본다.
○ 서문을 본다.
○ 목차를 본다.
○ 띄엄띄엄 읽어본다.

전략적으로 책 읽기 ② 책 적극적으로 읽기

무엇에 관한 글인지, 어떻게 자세하게 말하고 있는지, 맞는 말인지, 책의 정보나 내용을 아는 것이 어떤 의미가 있는지 등의 질문을 던지고 답하면서 읽는다.

읽은 후 요약하기

'요약'이란 글을 읽은 뒤 주제를 생각하며 중심 내용을 간추리는 것을 말합니다. 쉽게 말하면 주제를 찾아보고 내용을 간략하게 줄여서 정돈하는 것이지요. 북클럽에서 책을 요약해야 한다고 생각하면 부담스럽게 느껴질 수도 있지만, 요약은 사실을 객관적으로 이해하고 이성적으로 사고하는 것을 돕기 때문에 매우 중요합니다. 다시 말하면 이성적, 객관적, 비판적 사고의 시작은 사실에 대한 인지와 이해에서 시작합니다.

'사실을 객관적으로 이해하기'의 중요성과 관련된 이야기를 하나 들려드리겠습니다. 여러분의 사춘기 시절 기억하나요? 14살, 까만 뿔테 안경을 썼던 중학생 시절, 저는 당시 화가 많이 나 있었습니다. 이유는 친구들이 저를 자꾸 째려본다고 생각했기 때문이죠.

'아니, 3반 혜진이네? 왜 또 째려보지? 쟤는 날 싫어하네.'

지금 생각해보면 혜진이가 저를 째려봤는지는 알 수 없는 일입니다. 그 친구가 절 째려본 건지, 쳐다본 건지, 혹은 저 뒤쪽 누군가를 본 건지도 알 수가 없습니다. 그리고 그 친구의 눈매가 원래 고양이상의 눈매일 수도 있는 것이고요. 하지만 14살의 뇌에서는 무조건 혜진이가 나를 째려본다고 생각했습니다. 저를 째려본다고 생각했던 또 다른 친구는 중3 때 같은 반이 되어 지금도 자주 만나는 친한 친구가 되었습니다. 당시 왜 나를 째려봤는지 친구에게 물어봤더니 그런 상황을 기억하지도 못했고, 만약 쳐다봤다면 교실에서 장난치는 너의 목소리가 다른 친구들보다 커서였을 거라고 했습니다.

14살의 제 뇌에서는 이 두 친구가 모두 저를 째려본다 생각했습니다. 이유가 무엇일까요? 사춘기에 나타난 호르몬의 영향일까요? 저는 사실과 이유를 먼저 따지지 않고, 미리 판단했기 때문이라고 생각합니다. 불만에 가득 찬 14살의 감정에 빠져 이성적으로 사고하지 않은 것이지요.

인류는 '이성적 사고'를 바탕으로 성장했습니다. 맹목적으로 신을 믿거나, 왕을 따르거나, 영주에게 종속되었던 시대를 넘어 인간 스스로 생각하고 판단하고 그 안에서 지식을 만들어가며 현재의 진보를 이룩했지요. 그런 면에서 우리가 가장 인간다울 수 있는 것은 '이성적 사고' 안에서라고 생각합니다. 그 시작에는 사실을 제대로, 깐깐하게, 정확하게 이해하고 파악하는 인지 과정이 뒷받침되어야 하고요.

그래서 책과 함께하는 활동에서는 '요약'을 꼭 거쳐야 하는 필요한 단계로 봅니다. 요약은 책의 내용을 정확하게 이해하고 확인하는 과정입니다. 정확한 사실을 이해한 후에 제대로 분석하고 판단하고 비판하고 창의적으로 생각할 수 있습니다.

요약의 방법

요약에도 방법과 단계가 있습니다. 북클럽에서 여러분이 재미있고 쉽게 그리고 다양한 방법으로 책 속 내용과 친근해질 수 있는 방법을 소개합니다.

한 문장으로 요약하기

우리가 읽은 책을 한 문장으로 요약해보는 단계입니다. 그 책의 전체를 꿰뚫는 일관된 흐름을 간단한 문장으로 이야기해야 하기 때문에 가장 어렵기도 하고 가장 쉽기도 합니다. 책의 전반에 흐르는 이야기의 흐름을 육하원칙을 기준으로 한 문장으로 설명해 봅니다. 쉽게 말하면, '누가, 언제, 어디서, 무엇을, 어떻게, 왜' 했는지 생각하고 정리해 보세요. 물론 육하원칙의 여섯 가지를 모두 사용할 필요는 없습니다. 여섯 가지 중 두세 가지를 쓰면 됩니다. 중심 내용을 잘 찾아내는 것도 중요하지만, 책에서는 다소 덜 중요하더라도 북클럽에서 가장 다루고 싶은 이야기를 중심으로 한 문장으로 요약하는 것도 좋습니다.

예를 들어 《토끼와 거북이》* 이야기를 육하원칙에 따라 한 문장으로 정리해볼까요? 이 이야기는 '토끼와 거북이가 달리기 경기한 이야기'정도로 정리할 수 있습니다.

이 정도는 너무 쉽다고 생각했다면 한 문장 요약의 심화로 가볼까요? 바로 주제 찾기 단계입니다. 토끼와 거북이가 달리기 경기를 벌인 《토끼와 거북이》 이야기에서 주제는 무엇일까요? 주제는 작가가 작품을 통해 구현하고자 하는 '중심 생각'입니다. 다시 말하면 이 이야기를 통해 작가가 말하고 싶은 바이며, 교훈 같은 것입니다.

그렇다면 토끼와 거북이가 달리기 이야기를 통해 말하고 싶은 바, 전하고 싶은 중심 생각은 무엇일까요? 그것이 바로 주제가 됩니다. 만약 '거북이의 끈기'를 주제라고 생각한다면 '토끼와 거북이의 경주에서 포기하지 않고 끝까지 달린 거북이가 승리한 이야기'라고 정리할 수도 있겠지요.

◆ 《토끼와 거북이》 장 드 라퐁텐 저

《샐리 존스의 전설》*을 육하원칙으로 요약한다면 어떻게 할 수 있을까요? '샐리존스가 제국주의 시대에 전 세계를 떠돌며 마음의 짝을 찾는 이야기'로 정리할 수 있을 것입니다.

예시	《샐리 존스의 전설》 육하원칙을 사용하여 정리하기
누가	샐리 존스가
언제	제국주의 시대에
어디서	전 세계를
어떻게	떠돌며
무엇을	마음의 짝을
왜	찾기 위해

필사하기 & 마음에 남는 장면 그리기
가장 간단하고 아름답게!

책을 읽다 보면 마음을 울리는 문장을 만나게 됩니다. 살아 움직이는 듯 내 마음을 두근두근하게 하고, 호기심을 불러일으키며, 감동을 주고, 눈물을 흘리게 하지요. 그런 문장을 책에서 만난다면 마음을 담아 예쁜 글씨로 옮겨 적어보세요. 그러면서 어떤 장면에서 내 마음에 파도가 쳤는지를 함께 나누는 것만으로도 내용을 정리할 수 있습니다. 내가 고른 문장은 서너 개지만 북클럽에서 다른 구성원들과 함께

◆《샐리 존스의 전설》야코브 베겔리우스 저, 박종대 옮김, 산하, 2016

이런 시간을 갖는다면 더 많은 인상적인 문장들을 만나게 됩니다.

이 과정에서 나와 같은 생각을 한 구성원은 누구인지, 다른 사람들은 어떤 문장에서 울림과 지혜를 얻었는지, 그것과 관련된 어떤 경험이 있는지 함께 나눌 수 있습니다. 또한 책에서 말하고 있는 사실을 이해하게 되고, 전체 내용 속에 이어져 있는 관계나 흐름을 파악하게 됩니다.

비문학 책의 경우에는 각 장별로 자신이 새롭게 알게 된 지식이나 정보 등을 옮겨 적는 것만으로도 간단하게 지식의 정리 정돈이 가능합니다. 먼저 목차를 옮겨 적고, 장별로 핵심적인 지식이나 의미 있었던 내용들을 정돈하는 것만으로도 충분한 요약입니다.

마지막으로 마음에 남는 장면을 그려보기를 추천합니다. 마음에 남는 장면 그리기는 텍스트에 상상력을 덧입혀 책과 관련된 좋은 기억을 만들어 갈 수 있다는 장점이 있습니다. 게다가 어떤 장면인지, 왜 그 장면을 골랐는지를 이야기하다 보면 자연스럽게 책 내용을 나눌 수 있습니다. 마음을 담아 그림을 채색해보는 것도 좋습니다. 작은 스케치도 좋고요. 부담스럽지 않은 선에서, 나를 드러내는 창작 활동을 해보기를 권해드립니다.

그림을 그리면서 책 읽기 경험이 확장되고, 그 장면이 펼쳐진 시간과 공간을 오감으로 느낍니다. 《노인과 바다》* 속 한 장면을 그려보면 비린내가 느껴지기도 하고, 손바닥에 피가 나도 청새치를 놓치지

◆ 《노인과 바다》 어니스트 헤밍웨이 저

않으려는 노인의 사투 장면에서는 함께 온몸이 저릿해지게 안간힘을 쓰기도 합니다. 역사책 속 한순간을 만화나 그림으로 그려보며 살아 있는 역사를 만나기도 합니다.

마인드맵으로 정리하기
문학과 비문학을 아우르다!

마인드맵mind map은 '생각의 지도'라는 뜻으로 생각이나 지식, 인사이트통찰를 정리하는 사고 정리의 툴로 다양하게 쓰이고 있습니다. 책 내용을 정리할 때도 마인드맵은 유용합니다. 마인드맵을 이용해 우리는 문학, 비문학을 망라하고 책을 한눈에 볼 수 있도록 도식화할 수 있습니다. 그 과정이 익숙해지면 문해력이 향상됩니다.

문학 요약을 위한 마인드맵 : 인물, 사건, 배경

소설을 구성하는 세 가지 요소는 인물, 사건, 배경입니다. 작가는 이야기를 만들 때 시간과 공간을 설정하고, 그 안에서 살아 숨 쉬는 인물을 창조합니다. 그 인물들은 외부 혹은 자기 내면의 갈등을 통해 메시지를 전합니다. 그래서 인물, 사건, 배경을 중심으로 이야기를 요약해보면 이 이야기가 왜 이렇게 만들어졌는지, 이 이야기가 전하고자 하는 메시지가 무엇인지를 온전히 느낄 수 있습니다. 정리하다 보면 인물의 상황에 더 공감되고, 작품의 시대적 배경이나 사건을 뒷받침하는 이론이나 철학들이 더 궁금해지는 생각의 확장을 경험할 수 있습니다.

❶ 노트 한 가운데에 적당한 크기로 삼각형을 그립니다. 가운데에 《흥부와 놀부》 같은 책 제목을 씁니다.

❷ 삼각형의 각 꼭짓점에 인물, 사건, 배경을 적어 넣습니다.

❸ 인물 꼭짓점에 대표 인물의 이름을 적습니다.

❹ 배경 꼭짓점에서 다시 시대적 배경과 공간적 배경을 적습니다. 시대적 배경이란 이 이야기가 언제 일어난 일인지를 묻는 것이고, 공간적 배경은 어디서 일어난 일인지를 묻는 것입니다.

❺ 사건 꼭짓점에 도착하면 머릿속에 이 이야기를 몇 가지 사건 정도로 정리할지 고민해보세요. 시간순으로 간단하게 정돈해도 좋습니다.

❻ 인물 꼭짓점을 자세하게 채워보세요. 각 인물이 겪은 대표적인 일, 성격, 취향, 행동 등 인물과 관련된 다양한 것들을 적어보세요.

❼ 사건 꼭짓점에 어떤 이야기를 꼭 넣어야 할지 정했다면 시간순, 주상행동방결(118쪽 참조), 중요하다고 생각하는 5대 사건, 장소 이동의 변화 등에 따라 일어난 일을 정리해 보세요.

❽ 배경 꼭짓점에 시간적 배경과 공간적 배경에 들어갈 만한 배경지식이 있다면 조사해서 넣어보세요. 더욱 풍성한 요약이 됩니다.

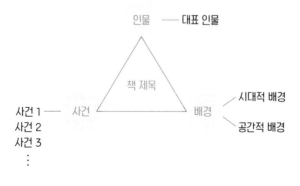

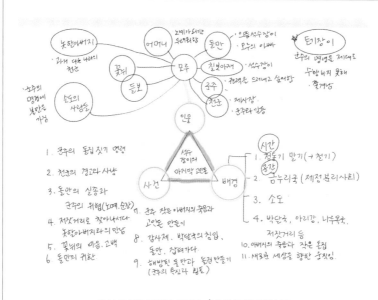

《석수장이의 마지막 고인돌》* 요약 마인드맵의 예

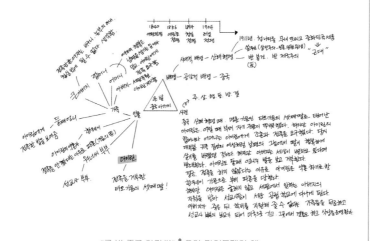

《큰 발 중국 아가씨》* 요약 마인드맵의 예

◆ 《석수장이의 마지막 고인돌》 함영연 저, 주유진 그림, 내일을여는책, 2020
◆ 《큰 발 중국 아가씨》 렌세이 나미오카 저, 최인자 역, 달리, 2006

비문학 요약을 위한 마인드맵 : 범주어, 목차

정보 전달을 목적으로 하는 비문학 도서는 쉽게 정보를 정리해 지식을 한눈에 이해할 수 있도록 구조화해서 정리하는 것이 좋습니다. 마인드맵은 정보를 구조화해서 한눈에 볼 수 있게 해주는 좋은 요약 도구입니다.

상위 구조와 하위 구조를 나누어 구조화하고, 같은 성질을 가진 범주어를 정해 정리하면 정보를 한눈에 파악할 수 있습니다. '범주'란 동일한 성질을 가진 부류나 범위를 의미합니다. 쉽게 말하면 공통점, 차이점, 원인, 과정, 결과, 형식, 대안, 문제점, 효과, 영향, 특징, 종류, 논쟁, 쟁점 등으로 구분해 요약하는 것입니다.

예를 들면, 상위 구조 '동물' 밑에 하위 구조인 '척추동물'과 '무척추동물'로 분류하고, 그 아래 구체적인 내용들을 정리해보는 것도 범주별로 요약한 예라고 할 수 있습니다. 즉, 자신의 필요에 따라 구조화시켜 정리하려면 분류하고 구분할 줄 알아야 하고, 그것에 적절한 범주어를 부여합니다.

비문학을 요약할 수 있는 또다른 방법은 '목차'를 이용하는 것입니다. 비문학을 요약하는 가장 쉬운 방법이기도 합니다. 저자는 자신의 지식을 가장 잘 전달하고자 하는 구조대로 책의 목차를 설계합니다. 목차를 보면서 책의 구조를 이해하고, 구조에서 꼭 알아야 할 내용을 골라 마인드맵에 정리하세요.

[마인드맵, 이렇게 해보세요]

❶ 마인드맵의 가운데에 원을 그립니다. 원 안에 책 제목이나 조사할 주제를 씁니다.

❷ 마인드맵에 그릴 뿔의 개수와 내용을 결정합니다. 즉, 정리하고자 하는 지식, 이슈를 정하고, 그것을 범주어를 사용하여 뿔로 그리고 구조를 잡습니다.

❸ 선을 이용하여 내용을 확산하면서 정리합니다. 색깔이나 모양을 사용하여 세부 사항을 채워 갑니다.

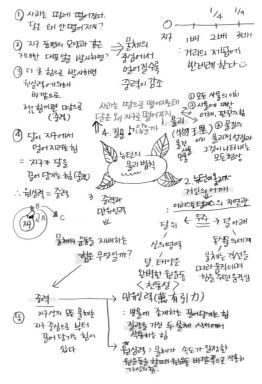

《뉴턴이 들려주는 만유인력 이야기》◆ 요약 마인드맵의 예

◆ 《뉴턴이 들려주는 만유인력 이야기》 정완상 저, 자음과모음, 2010

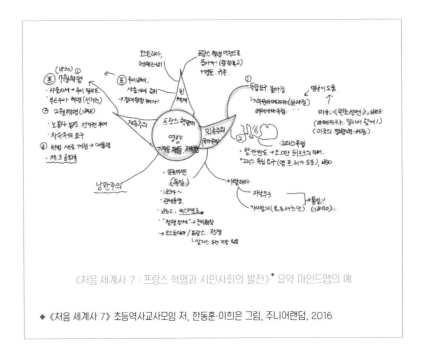

《처음 세계사 7 : 프랑스 혁명과 시민사회의 발전》◆ 요약 마인드맵의 예

◆ 《처음 세계사 7》 초등역사교사모임 저, 한동훈·이희은 그림, 주니어랜덤, 2016

주상행동방결로 정리하기

맥락에 따라 쉽고 빠르게 이야기 요약하기

이 방법은 이야기의 주인공이 어떤 상황에서 어떻게 행동했는지를 중심으로 요약하는 방법입니다. '주상행동방결'의 주는 주인공, 상은 상황, 행은 행동, 동은 동기, 방은 방해요인, 결은 결말입니다. 질문에 따라 적다 보면 한 편의 이야기가 쉽게 요약된 것을 볼 수 있습니다. 간단하게 적어본 뒤 좀 더 풍성한 정리를 위해서 상황이나 행동을 추가해서 넣어도 좋고 각각의 행동에 대응되는 동기나 방해요인을 정리해도 좋습니다.

[주상행동방결 : 이야기 구조를 따라가며 요약하는 요약 도구]

① 주 : 주인공은 누구이고 어떤 특징이 있나요?

② 상 : 주인공은 어떤 어려운 상황에 처해 있나요?

③ 행 : 주인공은 그 상황에서 어떤 행동은 했나요?(여러 개인 경우, 순서대로 적어보세요.)

④ 동 : 주인공이 그런 행동을 한 동기는 무엇인가요?(여러 개의 행동에 맞게 동기를 쓸 수 있다면 훌륭합니다.)

⑤ 방 : 주인공의 행동을 방해하는 요인은 무엇인가요?(갈등의 원인을 파악해 봅니다. 인물 사이의 갈등인지, 주인공 내면의 갈등인지, 주인공과 사회적 배경 사이의 갈등인지 따져보세요.)

⑥ 결 : 결말은 어떻게 되었나요?(이야기를 마무리하는 단계입니다. 결말을 적고, 요약을 마무리합니다.)

	예시 《너의 운명은》*	
주	주인공은 누구이고 어떤 특징이 있나?	아버지를 잃고 말을 잃었던 수길은 마을로 들어와 외딴집에서 어머니와 단 둘이 가난하게 산다.
상	주인공이 처한 어려운 상황은 무엇인가?	나라를 잃은 날, '암흑'에 빠졌다는 선비의 말을 듣고 수길도 '암흑의 씨앗'을 갖게 되었다.
행	주인공은 어떤 행동을 했는가?	❶ 명당을 갖기 위해 안부자를 찾아갔지만, 아버지의 묘도, 글도 모른다는 말에 거절당한다. ❷ 글을 배우기 위해 칼갈이 노인의 도움으로 나무를 해 김 초시에게 글을 배운다. ❸ 을사의병에 참여해 돌아가신 아버지의 묘를 찾고 아버지에 대한 기억도 되찾는다.

동	그렇게 행동한 동기는 무엇인가?	팔자를 바꾸고 싶었다. 나라를 잃은 미래를 바꾸고 싶었다.
방	방해 요인은 무엇인가?	❶ 수길의 어머니는 수길이 글을 배우는 것과 만주로 떠나는 것을 원하지 않는다. ❷ 보이지 않는 미래
결	결말은 어떻게 되었나?	안부자네를 따라 만주로 떠나 봉오동 전투에 참전하게 된다.

◆ 《너의 운명은》 한윤섭 저, 백대승 그림, 푸른숲주니어, 2020

사건 전개 방식 활용하기

발단, 전개, 위기, 절정, 결말 구성 활용하기

이야기를 펼치는 방식 중 '발단, 전개, 위기, 절정, 결말' 구성을 활용하여 사건을 정리합니다. 사건의 전개에 집중할 필요가 있을 때나 사건 위주의 정보 수집이 필요한 경우 활용할 수 있습니다.

예시 《샐리 존스의 전설》	
발단	콩고에서 아기 고릴라가 태어난다. 밀렵꾼에게 잡힌 아기 고릴라는 선물이 되어 샐리 존스라는 이름을 갖게 되고 여기저기 팔려 다니게 된다.
전개	샐리 존스는 슐츠 부인에게서 보살핌을 받지만 도둑질을 훈련받는다. 도둑질을 하다 붙잡힌 샐리 존스를 두고 슐츠 부인은 도망가고 샐리 존스는 동물원에 갇히게 된다. 동물원에서 만난 오랑우탄에게 정이 든 샐리 존스는 오랑우탄과 떨어지게 되자 의욕을 잃고 서커스단에 팔린다.

위기	서커스단에서 일하게 된 샐리 존스는 글도 배우게 되고, 운전 등 다양한 기술을 익히게 된다. 하지만 결국 탈출해 오랑우탄을 구해 오고, 배에 몰래 올라타 인도네시아로 떠난다. 하지만 선장에게 들켜 익사 위기에 처한다. 이때 일등 항해사 보스가 샐리 존스에게 기회를 준다.
절정	인도네시아에 도착해 오랑우탄 무리와 함께 생활하게 되지만, 적응이 어려운 샐리 존스는 오랑우탄 무리로부터 버림받는다. 게으른 연구자에게 발견되었지만, 샐리 존스가 평범한 콩고 고릴라라는 것이 밝혀지자 술집에 팔려간다.
결말	술집 앞에 전시된 샐리 존스를 발견한 보스가 샐리 존스를 구한다. 둘은 깊은 친구처럼 서로를 이해한다. 둘은 배를 사고 새로운 생활을 시작한다. 샐리는 고향 콩고에서 자신과 같은 고릴라 무리를 만나지만 결국 샐리 존스가 선택한 것은 보스였다.

주제에 따라 요약하기

책 속의 주제가 여러 개라고 생각된다면 북클럽에서 꼭 다루고 싶은 주제를 중심으로 요약하세요. 예를 들어 《흥부와 놀부》*를 읽고 북클럽에서 어떤 이야기를 나눌까 생각해보세요. '권선징악' 혹은 '우애' 둘 중 더 이야기 나누고 싶은 주제는 무엇인가요? '권선징악'으로 삼았다면 주요한 사건은 흥부와 놀부의 제비 다리 사건이 되어야 하고, 이것을 중심으로 요약하면 됩니다. 하지만 형제간의 우애를 중심으로 이야기를 나눠 보고 싶다면 흥부가 가난할 때 놀부는 돕지 않았으나 놀부가 가난할 때 흥부가 도왔던 부분을 중심으로 요약하면 됩니다. 각각 요약한 내용을 발표하는 시간이 있다면 서로의 요약 내용

◆ 《흥부와 놀부》 전래동화

을 들으면서 같은 책을 읽어도 중요하게 생각하는 것이 다 다를 수도 있다는 것을 알게 됩니다.

《동물 농장》◆의 경우에 '권력자의 부정부패'가 인상적이었다면 돼지들의 변화를 중점적으로 요약하면 되고 '대중의 역할'을 말하고 싶다면 다른 동물들이 한 일을 중심으로 요약하면 됩니다.

요약의 방법

o 한 문장으로 요약하기

o 필사하기 & 마음에 남는 장면 그리기

o 마인드맵으로 정리하기

o 주상행동방결로 정리하기

o 사건 전개 방식(발단, 전개, 위기, 절정, 결말) 활용하기

o 주제에 따라 요약하기

질문하기

책을 읽으면 책 속 사실이나 사건, 개념들을 알고, 그것이 발생한 원인을 찾아 또렷하게 이해한 뒤 자신의 주관적 판단을 가지고 판단할 수 있어야 합니다. 더 나아가 그 현상을 사회에 적용해보거나 다른 학문과 융합할 수 있어야 합니다. 쉽게 말하면, 책을 읽고 그것을

◆ 《동물 농장》 조지 오웰 저, 1945

제대로 이해한 뒤, 자기 생각을 나눌 수 있어야 한다는 것입니다. 이 과정의 중심에는 '질문'이 있습니다.

질문은 북클럽의 꽃이라고 할 수 있습니다. 우리 삶에서 가장 중요한 것도 '질문하는 삶, 질문할 줄 아는 삶'이라고 생각합니다. 북클럽이 일상이 되어야 하는 가장 큰 이유이기도 합니다.

질문의 필요성

첫째, 즐거움을 준다

질문은 우리를 한없이 상상하게 합니다. 우리가 북클럽을 하는 이유는 무엇일까요? 바로 행복해지기 위해서입니다. 이 재미야말로 모든 것을 가능하게 하는 힘입니다. 어린이들이 《흥부와 놀부》를 읽고 질문을 만들고 이야기 나누는 모습을 상상해보세요.

"흥부와 놀부에서 왜 하필 제비 다리가 부러진 건지, 왜 하필 박씨를 물어다 준 건지 궁금해요."

그러게요. 흥부네 집 처마에서 다리가 부러진 새는 왜 하필 제비였을까요? 대머리 독수리였다면요? 몇 개 안 남은 머리털을 긁으면서 흑흑, 다리가 너무 아파. 나 좀 도와줘 하는 장면을 상상해 봅니다. 펭귄이었다면요? 도도도도 뱀을 피해 달아나다가 짧은 다리를 다친다면요? 다리가 긴 핑크빛 홍학이었다면 얼마나 귀여웠을까요? 우아하기도 하고 다리가 약해서 잘 다칠 것 같기도 하네요. 이미 아이들의 마음속에는 낙타도 와 있고 코끼리도 와 있고… 난리가 납니다. 얼마나 즐거운 대화인가요. 어린이라서만 가능한 걸까요?

재레드 다이아몬드의 《총, 균, 쇠》◆를 상상해 봅시다. 이 책에는 '가축화'와 '작물화'라는 개념이 등장합니다. 쉽게 말하면 인간은 어느 시점에 정착 생활을 하기 시작했는데, 이때 야생동물을 집 마당에서 기르기 위해 오랜 시간 길들인 것이 가축화, 야생식물을 집 마당에서 경작하기 시작한 것이 '작물화'입니다.

중학생 북클럽 친구들과 이 부분을 발췌해 이야기를 나누다 보면, 많이 나오는 질문 중 하나가 "어떤 동식물이 작물화, 가축화에 유리한가?"입니다. 이 질문을 따라가 볼까요?

먼저 이렇게 시작합니다. "자, 우리는 지금 약 만 년 전 사람이다. 족장이 우리 마당에서 키울 식물 하나, 동물 하나를 찾아오라고 명령했다."

우리 10대들에게는 낭만이 있습니다. 부족을 위해 호랑이를 잡아오겠다, 장미꽃을 꺾어오겠다, 블루베리를 따오겠다, 이구아나를 잡아 오겠다고 이야기합니다. 하지만 호랑이를 잡으러 갔던 두 부족원이 다시 돌아오지 못한다면요? 호랑이를 키워 배불리 먹게 해주겠다던 친구여 안녕…. 또, 우리 움집 주변이 장미꽃으로 뒤덮였지만, 배가 고파서 손가락만 빨고 있다면 어떤가요? 다른 부족은 밀과 보리로 농사를 시작했는데 우리는 장미로 뒤덮인 집에서 가시에 찔린 손

◆ 《총, 균, 쇠》 재레드 다이아몬드 저, 김진준 옮김, 문학과사상사, 2005

가락이 퉁퉁 부어 울상만 짓고 있다면요? 꽃향기에 벌들이 몰려와서 나를 쏜다면요? 얌전해서 잡기 수월했던 이구아나들이 그 옆에서 슬쩍 몸의 색을 바꾼다고 상상해보세요. 《흥부와 놀부》만큼이나 흥미진진하지 않은가요? 우리는 작은 질문 하나로 그 이상을 마음껏 상상하며 즐겁고 행복합니다.

둘째, 즐거움을 기반으로 한 지식의 성장을 가져온다

질문은 우리가 읽은 내용에 대해 궁금증을 던지면서 내용에 대한 시대적, 공간적 배경지식과 그 이야기가 가능한 환경, 정보들을 조사하고 알게 만듭니다. 즉, 요약을 통해 알게 된 객관적 사실에 대한 이해가 더 깊어지게 되지요.

《흥부와 놀부》, 《총 균 쇠》로 한 번 다시 돌아가 볼까요?

'《흥부와 놀부》 속 등장하는 새는 왜 하필 제비인가?' 이 질문을 통해 우리는 결국 각각 자연환경에 따라 사는 동식물이 다르다는 것을 배울 수 있습니다. 우리 전래동화에는 우리 동물이 등장하는 것이지요. 그래서 당시 흥부가 살던 한반도, 조선에서 만들어진 이야기에는 펭귄이 등장할 수 없는 것입니다. 또 《흥부와 놀부》를 이야기할 때 어린이 북클럽 친구들이 많이 하는 질문 중 하나가 "왜 하필 형만 재산을 받아요? 엄마 아빠는 왜 그렇게 불공평하게 한 거예요?"라는 질문입니다. 이 질문을 따라가 보면 조선 후기 우리나라의 '장자상속' 문화 때문이라는 새로운 지식을 얻게 됩니다. 놀랍지 않으신가요? 시작은 《흥부와 놀부》였을 뿐인데 말입니다.

《총, 균, 쇠》로 돌아가 보면, 분명 어떤 동물과 식물을 데려오는가의 질문으로 시작했지만 지리적 위치에 따라 분포하는 동식물의 다름, 동식물의 다름에 따른 인문 환경의 변화 그리고 그 지리적 위치가 현재의 부의 차이를 만드는 데 하나의 요인이 되었다는 것을 알수 있습니다.

이처럼 질문은 세상을 바라보고 이해할 수 있는 지식의 기반을 더촘촘하게 다지게 합니다.

셋째, 우리의 삶과 사회를 바꾼다

질문은 현실을 직시하게 합니다. 인간은 자기가 생각하는 대로 살게 된다는 말이 있습니다. 생각하지 않으면 그저 사회를 따라가게 되거나 주체적인 삶을 살기 힘들다는 뜻이겠지요. 좀 더 구체적으로 생각해볼까요? 우리는 한 인간으로 태어나서 문제투성이의 삶과 직면하게 됩니다. 이때 우리가 해야 할 일은 무엇일까요? 저는 그 문제를 정확하게 바라보고 '무엇이 문제일까?', '왜 일어났을까?', '중요한 일인가?', '내가 해결할 수 있는가?' 등을 질문할 수 있어야 한다고 생각합니다.

2020년 초, 『생각의 탄생』은 코로나19 확산 방지를 위한 학원 휴원 권고를 받고 경영상의 위기를 겪은 적이 있습니다. 그때 우리 선생님들은 모여 앉아 울기도 하고 세상과 운명을 탓하기도 했습니다. 하지만 우리는 코로나 바이러스가 비말로 감염되는 것을 알게 된 뒤비대면 수업 시스템을 만들었습니다. 또 확진자가 너무 많이 나와서

자가 격리하느라 수업에 빠지는 학생들이 많아져 다시 한번 경제적 어려움을 겪었을 때는 집과 학원 동시에 수업할 수 있는 이원형 복합 수업 시스템을 만들었습니다. 이는 우리 선생님들이 지능이 더 높아서, 우리 학원 재정이 더 튼튼해서 가능한 일이 아니었습니다. 바로 우리 선생님들이 "언제, 어디서나 공부하게 하려면 어떻게 해야 할까?"라고 '질문'했기 때문에 가능했던 일이었지요. 저는 이렇게 우리가 질문하며 살아간다면 『생각의 탄생』이 그러했듯 여러분의 삶도 더 나은 방향으로 항해할 수 있다고 믿고 있습니다.

북클럽에서의 질문은 서로를 연결해 줍니다. 나의 문제가 아니라 우리의 문제가 되고, 함께 해결방안을 제안하고, 대책을 마련하고 실질적으로 문제를 해결하는 힘이 작동합니다.

> **질문의 필요성**
>
> ○ 즐거움을 준다.
> ○ 즐거움을 기반으로 한 지식의 성장을 가져온다.
> ○ 우리의 삶과 사회를 바꾼다.

질문 만들기

0단계 : 무엇이든 자유롭게 질문하기

어떤 질문이든 자유롭게 펼쳐보세요. 책을 읽고 떠오르는 어떤 질문이라도 허용하고, 그것에 대해 함께 해답을 찾아보는 과정을 즐겨보세요. 하지만 생각보다 질문 만드는 것을 어렵게 느끼게 될지도 모릅니다. 왜냐하면 한국 사회에서는 질문을 만들기보다는 정답이 무엇일까를 생각하며 살아가는 데 익숙하기 때문입니다. 당연히 질문 만드는 일이 쉽지 않고 어색하게 느껴질 수 있습니다.

　그럴 때는 뒤에 소개하는 질문 만드는 방법을 참고하세요. 물론 순서를 그대로 지킬 필요는 없습니다. 자유롭게 즐겨보는 단계니까요. 질문은 많을수록 좋고, 그중 개인적으로 답할 수 있는 것과 다른 사람의 생각이 궁금한 것들 정도로 구분하는 것만으로도 훌륭합니다. 그렇게 북클럽 구성원들의 질문을 모아보세요. 비슷한 질문을 만날 때, 서로 다른 우리가 같은 생각을 했다는 따스한 느낌도 받을 수 있고, 반대로 전혀 예상치 못한 기발한 질문과 날카로운 질문을 만나면 내가 얼마나 우물 안 개구리였나 싶어 무릎을 탁! 치게 됩니다. 새로운 생각을 하게 해주는 동료라니요!

　가장 쉬운 질문은 책을 제대로 읽었는지 사실을 확인하는 질문입니다. 요약한 내용을 보며, 책에 나온 사실 관계를 확인하는 작업입니다. 북클럽에서 함께 책을 읽을 경우, 요약을 하더라도 꼼꼼히 읽었는지 확인해야 책의 전체적인 흐름을 부분적으로 잘못 해석하는 일을 막을 수 있습니다.

　자신이나 구성원들에게 사실 질문을 하면 중요한 사건을 되짚어 보면서 자연스럽게 책의 내용을 이야기하게 됩니다. 예를 들면, 《샐리 존스의 전설》에서 '샐리 존스가 마지막으로 선택한 장소는?'이라는 질문을 통해 샐리 존스의 선택이 고릴라 무리가 아니라 보스가 운전하는 배라는 사실을 확인할 수 있습니다. 서로에게 게임처럼 퀴즈를 내면 재미있게 책 내용을 확인할 수 있습니다.

1단계. 요약본 준비하기

질문을 시작하기 전, 이전 단계에서 해 놓은 요약본을 준비하세요. 요약본을 보면서 내가 궁금한 것들을 리스트로 만들어 봅니다. 좀 더 견고한 사고 확장의 단계를 경험해 보고 싶다면 다음 2, 3단계의 순서를 거치시기 바랍니다. 미리 판단해 보고 싶은 이슈에 대해 해석 질문을 만들고 판단 질문으로 넘어가면, 그 일의 연유를 제대로 이해하고 밝힌 뒤 나의 주관적 판단을 할 수 있어 좀 더 객관적이고 논리적인 사고의 성장을 경험할 수 있습니다.

2단계. 해석 질문 만들기

해석 질문이란 어떤 사실이나 사건, 책 속 정보의 의미를 논리적으로 파악하는 질문을 말합니다. 쉽게 말하면, 이야기 속에 등장하는 사실, 사건들이 왜, 어떻게 일어난 것인지 논리적으로 밝혀 보는 질문이지요. 또 비문학 책, 즉 지식과 정보가 담긴 책에서 알게 된 현상이나 개념들이 왜 발생했는지, 어떤 연유에서 기인했는지, 결과는 무엇인지 인과를 분석할 수 있는 질문을 말합니다. 답할 때는 작가의 입장에서, 또는 등장인물의 입장에서 최대한 객관적으로 대답하는 연습을 하면 좋습니다. 해석 질문은 입체적인 관점에서 조망할 수 있게 돕고, 북클럽에서 구성원들의 다양한 생각과 가치관, 신념, 개념들이 드러나게 합니다.

> ❶ 진짜 궁금한 것에 '왜' 또는' 어떻게'를 넣어 질문으로 만들어 보세요.
> ❷ 주인공 혹은 중심 지식이나 중심 사건에 '왜', '어떻게'를 넣어 질문으로 만들어
> 보세요.

예를 들어 《샐리 존스의 전설》을 읽었다면, '샐리 존스는 왜 고릴라 무리를 떠나 보스의 배에 다시 돌아갔을까?'와 같이 등장인물의 관점에서 생각해볼 수 있습니다. '보스는 어떻게 샐리 존스를 인간처럼 대할 수 있었을까?' 같은 질문도 가능합니다. '작가는 왜 주인공을 고릴라로 설정했을까?'처럼 작가의 의도를 생각해보는 질문도 할 수 있습니다. 때로는 배경지식을 탐구해야만 대답할 수 있는 질문이 만들어지기도 합니다. '이 우화*가 은유하고 있는 것은 무엇일까?'라는 질문에 답하기 위해 제국주의에 대한 영상을 보고 답을 찾아보기도 했습니다. 원래 가지고 있던 지식과 이야기가 만나 식민주의와 제국주의에 대해 생각할 수 있는 놀라운 경험이 가능합니다.

3단계. 판단 질문 만들기

판단 질문이란 책 속에서 생긴 어떤 일, 사건, 지식, 상황에 대해 주관적 판단을 할 수 있도록 하는 질문을 말합니다. 주관적 판단을 한다는 것은 1, 2단계에서 그 일이 어떻게 일어났는지 이해했으니, 그

◆ 우화 : 인격화한 동식물이나 기타 사물을 주인공으로 하여 그들의 행동 속에 풍자와 교훈의 뜻을 나타내는 이야기

일에 대해 내가 스스로 판단해 보는 것을 말합니다. 옳은지, 그른지, 효율적인지, 아름다운지, 추한지 등에 대해 스스로 질문하는 것입니다. 가치 판단을 할 수 있는 질문을 해 보면서 현재 내가 가지고 있는 기준과 다른 사람의 기준을 알고, 어떤 기준에 따른 판단이 옳은지에 대해 토의나 토론이 가능합니다. 이런 질문을 하고, 그 질문의 해답을 찾아가는 과정에서 옳은 기준을 찾아가며 자신의 가치관과 의견을 정립할 수 있습니다.

《샐리 존스의 전설》에서 예를 들자면 '사람들이 샐리 존스를 이용하고 버리는 행위는 옳은가?', '보스가 샐리 존스를 대하는 태도는 나의 상황에서 어떻게 적용할 수 있는가?'와 같은 질문을 할 수 있습니다.

TIP

- 판단 질문을 만들도록 돕는 풀이말들입니다. 붙여서 활용해보세요.
  : 옳은가? 그른가? 좋은 일인가? 나쁜 일인가? 효율적인가? 효과적인가? 아름다운가? 추한가? 가장 좋은 방법인가? 도덕적인가? 비도덕적인가?

4단계. 창의 융합 심화 질문 만들기

창의 융합 질문은 사고의 꽃으로 북클럽에서 다룰 수 있는 가장 높은 수준의 질문입니다. 창의 융합 질문은 주제에 관한 깊은 탐구나, 다른 학문이나 책과의 연계, 우리 사회와의 연결을 통해 새로운 것들을 만들고 융합하는 질문을 말합니다. 책에서 벗어나 진짜 자신이 사는 세상과 연결한 상상 융합 질문을 통해 사회적 윤리적 가치관을 세우는 효과가 생기기도 합니다. 동물권, 인권, 식민주의에 대해 생각하고 문화적 다양성에 관한 생각, 나 자신과 연결지어 탐구해볼 수 있는 질문입니다.

TIP

- 주제어로 질문을 만들어 보세요.

  : 주제가 '선과 악'이라면 인간은 왜 선한가? 왜 악해지는가? 본디 선한가? 본디 악한가?

- 다른 책과 연결해 질문을 만들어 보세요.

  : 군주론에서 말한 인간의 이기성과 국부론을 연결한다면? 군주론에서 말한 인간의 이기성의 관점에서 본다면, 개인의 이익과 사회적 이익이 상충할 때 인간은 어떤 선택을 할까?

- 다른 학문, 다른 분야와 연결하여 질문을 만들어 보세요.

  : 인간의 이기성을 '진화론'에서는 뭐라고 설명하는가?

- 현재 사회와 연결해 보세요.

  우리 사회에서 인간의 이기적인 모습을 찾아본다면?

이러한 질문에 답을 하는 과정 역시 중요합니다. 사실 질문에는 책에서 제시하는 명확한 단어로 답합니다. 의외로 책 속 정보를 놓치기 쉽기 때문에 책에 나온 정보를 직접 찾아보며 확인하다 보면 책을 정확히 읽게 됩니다. 해석이나 판단 질문에 대답할 때는 주장과 이유, 근거를 들어 대답하는 것이 좋습니다. 주장은 나의 생각입니다. 나의 생각을 뒷받침하는 객관적인 이유, 근거, 사례를 들어 답을 찾다 보면 책의 전반전인 이해가 깊어집니다. 표면적으로 드러난 사실뿐만 아니라 맥락을 따져보고, 행간을 읽게 되며, 추론 능력이 향상되어 책의 깊은 독해가 가능해집니다.

해석 질문과 판단 질문은 깊은 독해를 위해 반드시 던져야 하는 질문의 과정입니다. 독서하는 과정에서도 스스로 질문을 던지며 대답하며 책을 읽는 것이 좋습니다. 그런 질문들을 잘 기억하거나 메모해 두었다가 북클럽에서 함께 이야기를 나누다 보면 다양한 해석과 판단을 접하고 놀라기도 합니다. 또 이 과정에서 논리적이고 설득력 있는 말하기 능력이 향상됩니다. 이유와 근거를 찾기 위해 이미 알고 있는 지식을 적절하게 활용하고, 새 지식을 찾는 일이 일상이 되면서 메타인지도 커집니다. 자연스럽게 토론의 과정을 경험하게 되기도 합니다. 자연스러운 의견 대립 과정이 반복된다면 형식을 갖추어 토론을 진행해 보아도 좋습니다.

> **질문 만들기**
>
> 무엇이든 자유롭게 질문하기 → 요약본 준비하기 → 해석 질문 만들기 → 판단 질문 만들기 → 창의 융합 심화 질문 만들기

말하기와 글쓰기 비법, PREP 와 PEAL

말하는 것이 어렵다면 PREP(프렙)과 PEAL(필) 공식을 이용해 보세요. 두 개의 공식을 소개합니다.

OREO & PREP 공식

OREO(오레오)나 PREP(프렙)은 논리적으로 생각해 말하고 글을 쓰게 만드는 말하기와 글쓰기 공식입니다. 질문들에 대답할 때 '생각 - 이유 - 근거(유비, 사례, 예시)- 생각 강조하기'의 순서로 말하는 것입니다. 이 공식은 다음과 같은 의미를 갖고 있습니다.

- 생각(의견) 주장하기(Opinion 또는 Point)
- 이유 말하기(Reason)
- 근거(유비, 예시, 사례) 들기(Example)
- 생각(의견) 강조하기, 새로운 제안하기(Opinion 또는 Offer, Point)

다음 장의 예시를 살펴보겠습니다. "지금 당장 쉬어야 할까?"라는 질문에 OREO 또는 PREP 공식에 맞추어 한 대답의 사례입니다. 네 명의 사람은 모두 '당장 쉬어야 한다'라고 대답했습니다. 뻔한 대답이라고 생각할 수 있지만, 대답의 이유나 근거는 각자 다릅니다. 모두 생각과 이유를 잘 알 수 있는 설득력이 있는 다양한 대답입니다.

질문 : 지금 당장 쉬어야 할까??

대답 1 : 지금 당장 쉬어야 한다. 왜냐하면 사람은 쉬어야지 의욕적으로 다른 일을 할 수 있기 때문이다. 예를 들어, 구글 '브런치'에 따르면 주말에는 나가는 것이 좋으며, 걷고 나서는 충분히 쉬는 것이 좋다고 한다. 또한, 인간은 쉬어야지 생각을 더 많이 깊이 할 수 있어서 매우 좋다고 한다. 따라서 우리는 공부를 더 열심히 할 수 있도록 쉬어야 한다.

대답 2 : 네, 지금 당장 쉬어야 한다고 생각합니다. 사람은 시간이 갈수록 빠르게 잘 집중하지 못합니다. 컴퓨터를 예로 들었을 때, 컴퓨터가 발열되었는데도 멈추지 않고 작업을 하다 보면 느려지고 뜨거워지는 것을 느낄 수 있습니다. 최악의 상황에서는 파일이 날아가거나 그냥 꺼질 수도 있습니다. 그러므로 반드시 지금 쉬어 과부하를 방지시켜야 한다고 생각합니다.

대답 3 : 지금 당장 쉬어야 한다고 생각합니다. 왜냐하면 지금 쉬는 시간을 가지면 더 효과적인 수업 효과를 끌어낼 수 있기 때문입니다. 마이크로소프트의 휴먼 팩터 랩에서 연구를 진행한 결과, 잠깐의 휴식을 가지는 것만으로도 뇌에 스트레스가 쌓이는 현상과 집중력, 업무 효율이 급속도로 떨어지는 것을 막을 수 있다는 것을 밝혀냈습니다. 따라서 더 많은 것을 배우기 위해서라도 지금 휴식이 필요하다.

대답 4 : 당연히 쉬어야죠.^^ 사람은 처음 15분만 집중을 잘할 수 있다고 합니다. 그 후부터는 집중력이 확 줄어들어, 가만히 있는 것을 힘들어하게 됩니다. 이러면 차라리 수업하는 것보다 쉬었다가 높은 집중력으로 다시 수업하는 것이 훨씬 효과적입니다. 예를 들어, 1시간 30분 동안 쉬지 않고 공부를 했다고 가정해보겠습니다. 15분은 머리가 활발히 돌아갔는데 남은 1시간 15분 동안은 어떻게 되었을까요? 최근 한강에서 '멍때리기 대회'를 한 이유 중 하나가 멍을 때리면 잠을 자는 것과 비슷하게 뇌가 수면 상태에 빠진다고 합니다. 아마 뇌는 남은 시간 동안 반은 멍한 채로 수면 상태와 유사해서 공부의 효과가 없을 것입니다. 그러므로 지금 당장 쉬어야 한다고 생각합니다.

자, 이제 어떤 질문에 대해서 대답할 때 OREO나 PREP를 떠올리며 차례로 이야기해보세요. 만약 더 구체적으로 주장하고 싶다면 OREEP(주장, 이유, 근거(예시), 근거(예시), 주장 정리, PREEP), OREREP(주장, 첫 번째 이유, 근거, 두 번째 이유, 근거, 주장 정리, PREREP)의 방식으로 적용해보세요. 매우 논리적으로 자기 생각을 빠짐없이 이야기할 수 있게 된답니다. 북클럽에서 중요하게 나누었던 질문들을 2, 3개 골라 질문을 쓰고, 그 질문에 대해 OREO나 PREP의 공식대로 대답해 나가면 좋은 발제와 생각을 정리한 글이 됩니다. 만약 연결된 질문, 생각이 확장된 질문_{꼬리에 꼬리를 무는 질문. 꼬꼬질}으로 펼쳐가면서 질문과 대답을 나열한다면 단계적으로 생각이 깊어지는 말하기나 글쓰기가 될 것입니다.

PEAL & PEEL 공식

PEAL(필) 또는 PEEL(필)은 문학 분석을 할 때 쉽게 사용할 수 있습니다. 또는 주어진 말이나 행동과 같은 사실을 바탕으로 자기 생각_{의견}을 유추해내는 과정을 설명하거나 분석할 때 좋은 방법입니다.

어떤 사실에 관한 '생각(의견) - 근거(책 속의 사실, 말, 행동의 사실 제시·인용 등) - 분석 - 생각 강조하기'의 순서로 말해보세요. 이 공식은 다음과 같은 의미를 갖고 있습니다.

- 생각(의견) 주장하기(Point)

- 근거와 단서 말하기 : 책 속의 사실, 말·행동의 사실, 단서 제시 및 인용
  (Evidence)

- 근거와 단서가 어떻게 주장을 뒷받침하는지 분석하거나 설명하기
  (Analysis 또는 Explain)

- 이유와 생각(의견)을 연결하며 강조하기, 새로운 제안하기(Link)

예시

《갈매기에게 나는 법을 가르쳐 준 고양이》◆를 읽고(PEAL의 공식 이용)

질문 : 쥐는 어떤 성격의 사람을 비유하고 있을까요?

대답 : 쥐는 주어진 기회를 잘 이용하는 기회주의자를 비유하고 있는 것 같다. 책을 보면 쥐는 아기 갈매기를 잡아먹으려다 소르비스와 협상을 하게 된다. 소르비스가 "경고하는데, 만일 아기 갈매기의 털끝 하나라도 건드리면 너희들 목숨은 이미 끝난 거야."라고 하자 왕초 쥐는 "아기 갈매기를 건드리지 않는 대신 정원을 자유롭게 통행할 수 있게 해주게."라고 협상한다. 왕초 쥐는 자기에게 주어진 상황을 잘 파악하고, 포기할 것은 포기하면서 고양이 때문에 자유롭지 못했던 자유로운 정원 출입권을 받아낸다. 아기 갈매기를 먹고 싶은 욕망대로 행동했을 때 받게 될 타격과 아기 갈매기를 건드리지 않았을 때의 이익을 잘 계산하고 쥐들에게 유리한 선택을 한 것이다. 쥐들에게 대의와 명분은 중요하지 않다. 단지 자신들에게 가장 유리한 선택을 하는 것뿐이다. 이를 보면 작품 속의 왕초 쥐는 대의와 명분과는 상관없이 주어진 기회를 잘 이용해 자신들에게 유리한 선택을 하는 기회주의자들의 모습과 닮아 있다.

◆ 《갈매기에게 나는 법을 가르쳐 준 고양이》 루이스 세뿔베다 지음, 이억배 그림, 유왕무 옮김, 바다출판사, 2000

질문 : 침팬지는 어떤 성격의 사람을 비유하고 있을까요?

대답 : 침팬지는 다른 사람이 꿈을 꾸는 것을 불가능하게 만들고 다른 길을 가라고 하는 사람들인 것 같다. 책 내용을 보면 침팬지는 아기 갈매기에게 "새들이할 수 있는 일이라곤 그것밖에 없지. 똥 누는 것 말이야."라고 조롱하며 고양이들이 아기 갈매기를 잡아먹을 것이라고 말하였다. 이런 침팬지의 말과 행동은 새들을 아무것도 못 하는 존재라고 비하하며 아기 갈매기가 자신을 하찮은 존재로 바라보게 만든다. 이런 사람은 다른 존재의 자신감을 떨어뜨리고, 어떤 일도 하는 것을 두려워하게 만든다. 자신이 가진 고정관념이나 선입관을 진리나 진실이라고 믿고 당연하다는 듯이 타인이 그 생각들을 받아들여야 한다고 소리높여 말한다. 그리고 자기 생각이 틀릴 수도 있음을 전혀 의심하지 않는다. 침팬지는 자기 생각이 틀릴 수 있음을 생각지 않고 진실인 양 믿고 강요하며, 다른 사람이 성장하고 꿈꿀 기회를 야박하게 짓밟아 버리는 사람의 모습이다.

질문 : 침팬지는 어떤 성격의 사람을 비유하고 있을까요?

대답 : 침팬지는 약자에게 강하고 누군가에 의해 조정되는 사람이라고 생각한다. 책에서 침팬지는 고양이들과 아기 갈매기가 건물로 들어가려고 할 때, 못들어가게 하려고 하다가 소로비스가 더 센 모습을 보이자 슬그머니 없던 일처럼 들어가게 한다. 또, 인간들이 준 맥주에 길들어 맥주를 마시기 위해 인간들이 하길 원하는 일을 한다. 이런 침팬지의 모습은 약자에게 강하고, 강자에게 약한 자의 모습일 뿐만 아니라 자신의 판단이나 주관을 갖지 못하고 타인이 주입한 생각을 자신의 생각인 양 비판 없이 받아들이는 사람 같다. 정리하자면 침팬지는 자신의 신념에 따라 소신껏 행동하는 사람이 아니라 약자에게는 큰소리치고, 강한 척하고 위압적으로 행동하고, 원하는 것을 주는 사람들의 요구에 따라 쉽게 생각과 행동을 바꾸는 사람의 모습을 빗대었다고 생각한다.

앞의 예시는 PEAL 공식을 이용해 작품 속의 등장인물들의 성격을 분석하고 있습니다. '그냥 그런 것 같아'가 아니라 분명한 책 속의 사실 속에서 자신의 주장을 뒷받침하는 근거를 찾아 분석해 설명하고 있지요. 이런 이야기 속에 정답은 있을 수 없습니다. 다만 모두 공감하고 이해할 수 있는 해답이 있을 뿐입니다. 이러한 논리적인 해답이 있어야 공감하거나 반박할 수 있습니다. '그냥'이라는 말은 상대방을 이해시키기 어렵지요. 물론 우리는 내 마음을 모두 설명할 수 없습니다. 설명할 수 없는 어떤 것도 분명 존재합니다. 하지만 설명할 수 있다면 잘 이해할 수 있게, 잘 공감할 수 있게 설명해야 합니다.

지금부터 이 두 가지 공식을 머릿속에 담아두세요. 자신의 생각을 오레오OREO나 프렙PREP과 필PEAL 공식으로 말하거나 쓴다면 다른 사람이 듣기 좋고 읽기 좋은 이해하기 쉬운 말하기나 글쓰기가 됩니다. 멋진 무기를 가지게 된 것입니다.

토론하기

토론의 개념

토론Discussion이란 어떤 의견 또는 논제*에 대해 여러 사람이 각각의 의견을 말하며 논의하는 과정을 말합니다. 토론은 서로 다른 생각을

◆ 논제 : 논설이나 논문, 토론 따위의 주제나 제목

가진 사람들이 자신의 주장을 펼치며 자신의 방식의 옳음을 주장하고, 드러난 갈등의 문제해결 방법을 제시하며 상대방을 설득합니다.

토론은 이 과정에서 합리적으로 의견을 주장하고, 수렴하여 가장 적합한 결정을 이끌어내는 의사소통 방식입니다. 토론에 능숙해지면 말하기뿐만 아니라 자기 주장의 타당성을 입증하기 위해 잘 들어야 하기 때문에 듣기 능력이 향상될 수밖에 없습니다. 또 상대방의 의견에 반박하기 위해 집중해서 들으면서 논리적인 모순이나 오류, 내용의 부족함 등을 찾다 보면 비판적인 사고력, 자료 조사력 등 다양한 면이 향상되기 때문에 토론은 현대인이 꼭 갖추어야 할 필수 덕목이기도 합니다. 특히 찬반 토론은 형식에 맞춰 정해진 순서대로 갖추어 말해야 하기 때문에 읽고 쓰고 말하고 듣는 리터러시◆ 능력뿐만 아니라 분석력, 문제해결 능력, 판단력, 종합력 등에서 눈에 보이는 성장을 이끌어줍니다. 그래서 학생들의 토론 능력 향상을 위해서는 찬반 토론의 방식을 주로 이용합니다.

토론의 종류

자유 토론

자유 토론은 시간이나 순서 등의 규칙이나 형식을 굳이 정하지 않고 자유롭게 의견을 나누는 방식입니다. 이런 자유 토론의 경우, 논제가 의문형으로 제시되는 경우가 많습니다. 예를 들면, '선의의 거

◆ 리터러시(literacy) : 문자화된 기록물을 통해 지식과 정보를 획득하고 이해할 수 있는 능력

짓말은 해도 될까?', '일회용품 보증금 제도가 환경에 도움이 될까?', '주4일 근무제 도입해야 할까?'와 같이 논제가 제시됩니다. 토론자들은 논제에 대해 각자 자신의 입장을 자유롭게 개진하며 입장이 같더라도 문제를 바라보는 시각에 다른 의견을 제시할 수도 있습니다.

자유 토론을 할 때에는 규칙과 형식이 엄밀하게 적용되지 않기 때문에 사회자의 역할이 일부 필요합니다. 사회자는 토론이 원활하게 진행되도록 이끄는 역할을 하게 됩니다. 논제를 제시하고, 먼저 발언하기를 희망하는 토론자를 지목해 토론의 순서를 안내하고, 토론이 논제에서 벗어나면 다시 논제로 돌아오도록 흐름을 이끌고, 일부 토론자가 시간을 너무 독점하고 있다면 다른 토론자에게 발언 기회를 주며 조정해야 합니다. 다만 사회자는 자신의 의견을 표방하기보다 중립적인 태도를 견지하는 것이 좋습니다. (물론 북클럽 구성원의 일원으로 토론에 참여하고 있다면 자신의 의견을 자유롭게 말하며 조율하는 역할을 주도하면 됩니다.) 우리의 일상에서 주로 사용하는 토론은 자유 토론의 방식이 주를 이룬다고 할 수 있습니다.

교육 토론

교육 토론은 일명 '아카데미 토론' 또는 '디베이트◆'라고도 합니다. 교육 토론은 효과적으로 교육하기 위한 방식입니다.

교육 토론은 논제가 찬성과 반대의 입장이 분명하게 대립되어야

◆ 디베이트(debate) : 형식을 갖춘 토론. 자유 형식이 아닌 자신의 역할을 정하여 토론하는 방식

하고, 명제*로 제시되어야 합니다. 명제 자체에 이미 판단이 담겨 있기 때문에 찬반이 가능합니다. 예를 들면 '선의의 거짓말은 필요하다.', '일회용품 보증금 제도를 시행해야 한다.', '주 4일 근무제를 도입해야 한다.'와 같은 형식으로 논제가 제시되어야 합니다.

또 발언 시간이나 순서와 관련된 규칙과 형식을 엄격하게 적용하고, 심사위원의 토론 결과에 따라 승패가 결정됩니다. 보통 1~3명까지 한 팀으로 구성되지만, 사정에 따라 인원 조정이 가능합니다. 다만 대회를 위한 토론이라면 대회 전에 토론의 규칙과 형식이 명확히 제시되어야 합니다. 이미 규칙과 형식이 정확하게 정해져 있기 때문에 토론이 원활하게 진행되도록 돕는 진행자는 가능하지만, 별도의 사회자가 필요하지 않습니다.

교육 토론에서는 규칙과 형식을 지키는 것이 매우 중요합니다. 규칙과 형식 자체가 이미 양 팀의 공평함을 보장하는 것이기 때문입니다. 한쪽 팀이 4분 발언을 했다면 상대 팀도 공평하게 4분 발언의 시간을 갖습니다. 축구나 야구가 전후반으로 나누어진 시간 동안 정해진 선수들이 정해진 규칙을 지키며 경기하는 것처럼 토론도 규칙과 형식에 따라 반칙 없이 공정하게 참여하는 청중 설득 게임입니다.

교육 토론의 과정에서 가장 중요하게 생각하는 것은 상대 팀에 대한 예의를 지키는 것입니다. 우리나라 사람들은 '토론!' 하면 삿대질하며 소리 지르고 싸우는 모습을 많이 연상합니다. 매체를 통해 본

◆ 명제 : 그 내용이 참인지 거짓인지를 명확하게 판별할 수 있는 문장이나 식

많은 토론의 모습이 우리에게 그런 인상을 심어준 듯합니다. 하지만 그런 모습은 토론이 아니라 자기주장만 일방적으로 내세우고, 합리적인 근거 없이 상대방을 격렬하게 비난하는, 규칙도 없고 상대방에 대한 인간적인 예의나 배려도 없는 싸움판일 뿐입니다. 교육 토론에서 그런 모습을 보인다면 감점이 되어 승패에 영향을 주게 됩니다. 토론이란 상대를 제압하는 것이 목적이 아니라 상대방의 의견을 수용하며 나의 생각의 부족함을 다듬고 숙고하는 과정입니다.

생활 속에서 토론할 때는 일반적으로 자유롭게 토론합니다. 북클럽에서도 자유롭고 편안하게 자유 토론을 해보세요. 다만 한 사람이 너무 시간을 독점하지 않고 구성원이 모두 참여하여 의견을 말하도록 신경쓰고, 주제에서 벗어나 산으로 가는 일만 주의하면 됩니다.

방송에서 보여주는 토론의 방식은 조금 형식을 갖춰 패널들을 초빙해 시사적이고 사회적 이슈에 대해 토론하는 경우가 많은데, 그때는 형식 토론과 자유 토론의 특징을 적절히 혼용해 토론을 이끌기도 합니다.

교육 토론의 핵심 순서

교육 토론의 형식은 다양합니다. 하지만 다양한 형식에도 불구하고 다음 4가지의 핵심 순서가 있습니다.

❶ 입안 : 찬성이나 반대 측에서 자기 팀의 기본 입장을 발언하는 순서입니다. 주장과 이유를 들어 발표합니다.

❷ 교차 조사 혹은 교차 질의 : 상대방의 입장에 대해 질문을 던집니다. 상대방의 입장을 확인하거나 논리의 허점을 드러나게 하려는 의도가 있습니다.

❸ 반박 : 상대방 입장의 허점을 논리적으로 반박하면서 우리 팀의 입장이 옳음을 부각시키며 발언합니다.

❹ 요약 혹은 결론 : 토론의 마지막 순서로 상대 팀의 오류나 주장의 허점을 부각시키면서 우리 팀 주장의 강점을 부각시키거나 호소합니다.

이 4가지 핵심 순서는 조금씩 이름을 달리하거나 발언 시간, 순서의 변형이 가해지기도 하지만, 토론에서 빠질 수 없는 순서입니다.

토론할 때 지켜야 할 매너

❶ 서로에게 높임말을 씁니다.

❷ 한 명만 이야기하지 않고, 돌아가며 이야기합니다.

❸ 자료를 충분히 조사합니다.

토론 준비 방법

❶ 논제 분석하기(토론 주제의 배경 이해하기)

❷ 논제에 대해 찬성과 반대 입장 정하기(제비뽑기 또는 동전 던지기로 정한다.)

❸ 논제에 관련한 자료 조사하기(책, 기사, 통계자료, 사진, 전문가 의견 등)

❹ 자신의 팀 입장에 따른 이유와 근거를 생각하기(3개 정도 이유를 생각하

고 이유를 뒷받침할 구체적 근거들을 다양하게 준비한다. 경험, 전문가의 의견, 이론, 기사, 책의 내용 등)

ⓢ 상대 팀 주장의 이유와 근거 예측하기

ⓢ 우리 팀 주장에 대한 예상 반론 생각하기

토론 진행 순서

❶ 진행자, 타이머, 심판 정하기 : 논제와 규칙을 설명하고, 토론을 진행하며, 양 팀의 의견을 정리합니다.

❷ 자리 정하기 : 찬성과 반대는 자리를 나누어서 앉습니다. 보통 찬성은 왼쪽, 반대는 오른쪽에 앉습니다.

❸ 토론 진행 : 약속된 토론 형식(퍼블릭 포럼 형식, 의회 토론 형식 등)에 따라 아래와 같이 토론을 진행합니다. 구성원들은 토론 형식과 순서와 시간을 알고 순서대로 참여합니다. 발언 시간을 확인해주는 타이머가 발언 종료 시간을 알려줍니다.

❹ 주장 펼치기 : 입안을 발표하고 찬성, 반대 팀이 각자의 주장을 펼칩니다.

❺ 교차 질의 : 상대 팀의 주장에 대해 질문을 던집니다.

❻ 반박(반론) : 상대 팀 주장에 대한 타당성을 따지거나 주장을 반박하거나 반론합니다.

❼ 주장 다지기(요약 또는 결론) : 우리 팀의 주장이 더 설득력이 있음을 강조하며 정리하여 말합니다.

다양한 토론의 형식

토론이 외국에서 발전된 것이다 보니 다양한 형식의 토론 형식_{디베이트 포맷}이 있습니다. 만들어진 순서대로 보면 링컨 더글라스 디베이트, 의회식 디베이트, 팔리시 디베이트, 칼 포퍼 디베이트, 퍼블릭 포럼 디베이트 등 다양한 형식이 있습니다. 이 외에도 사정에 따라 다양하게 변형된 토론의 방식이 있습니다.

여기서는 토론에서 향상되길 기대하는 요소가 골고루 갖추어져 있으며, 쉽게 배울 수 있는 '퍼블릭 포럼 디베이트_{Public Forum Debate}' 형식을 소개하겠습니다.

퍼블릭 포럼 디베이트 형식

'퍼블릭 포럼 디베이트'는 2002년 창안되었습니다. 디베이트의 구성이 입안, 교차 질의, 반박, 요약, 마지막 초점 등 다양한 형식으로 되어 있어 학생들의 지적 호기심을 자극한다는 장점이 있습니다. 또한 학생들의 일상부터 국제적인 이슈에 이르기까지 다양한 주제를 제시해 학생들의 관심을 촉발하고 사회 전반을 이해할 수 있는 계기를 제공합니다. 나아가 사실적인 논제, 가치적인 논제, 정책적인 논제 모두가 퍼블릭 포럼 디베이트의 주제가 될 수 있습니다. 이 형식은 보통 2:2 토론으로 찬성과 반대가 2명씩 4명이 함께하는 토론입니다. 한 사람이 입안과 요약을 맡고, 다른 한 사람은 반박과 마지막 초점을 맡는 방식입니다. 상황에 따라 3:3이나 4:4로 토론하기도 합니다.

이 토론 형식은 다른 토론보다 더 쉬운 언어를 사용하고 형식이 이해하기 쉬우며, 적절한 근거와 논리로 자기 팀의 입장을 입증하면 되기 때문에 큰 부담을 느끼지 않고 익힐 수 있습니다. 또, 쌍방이 자유롭게 묻고 답하는 형식으로 발언 기회가 양쪽 모두에 있어 사람들이 모두 참여할 수 있습니다.

디베이트의 시작은 동전던지기로 시작합니다. 시작하기 직전 동전을 던져 찬성인지 반대인지 편을 정하고, 먼저 발언할지 나중 발언할지 순서를 정합니다.

이 디베이트의 특징 중 하나는 준비 시간Prep time이 각 팀당 2분씩 주어진다는 것입니다. 전체의 준비 시간은 4분입니다. 토론이 시작된 후 자기 팀의 협의가 필요하면 준비 시간을 원하는 시간만큼 요청할 수 있습니다. 토론이 진행되는 동안 팀마다 2분을 사용하면 됩니다. 각 순서 중간중간에 30초 단위로 요청하여 사용할 수 있습니다.

지정된 시간과 순서를 지켜 직접 토론해본다면 누구나 쉽게 토론을 익힐 수 있습니다. 디베이트의 목표는 '비판적 사고력' 향상입니다. 이 목표는 어떤 토론 형식을 선택하든 이룰 수 있습니다. 한 가지 형식을 자유롭게 구사할 수 있다면 형식이 바뀌는 것은 그다지 문제가 되지 않습니다. 하나의 형식에 익숙해진다면 다른 토론 형식도 쉽게 익힐 수 있습니다.

퍼블릭 포럼 디베이트 형식		
	먼저 발언팀	나중 발언팀
동전던지기	찬반 입장과 발언 순서를 정함.	
입안	4분	4분
교차 질의	3분	
반박	4분	4분
교차 질의	3분	
요약	3분	3분
전체 교차 질의	3분	
마지막 초점	2분	2분
준비 시간	각 팀당 2분	
총 소요 시간	39분	

 토론의 개념

어떤 의견 또는 논제에 대해 여러 사람이 각각의 의견을 말하며 논의하는 과정을 말한다.

 토론의 종류

○ 자유 토론 : 시간이나 순서 등의 규칙이나 형식을 굳이 정하지 않고 자유롭게 의견을 나누는 방식
○ 교육 토론 : 입안 → 교차 조사 혹은 교차 질의 → 반박 → 요약 또는 결론의 핵심 순서로 진행
○ 퍼블릭 포럼 디베이트 : 2:2 또는 4:4로 찬성과 반대 팀으로 나누어 진행. 각 팀당 준비 시간이 2분씩 주어지는 것이 특징

어떻게 글로 기록할까?

말과 글의
공통점과 차이점

먼저 말과 글의 공통점과 차이점에 관해 이야기해볼까 합니다.

말과 글은 '생각을 나누는 소통'이라는 공통점이 있지만, 그 표현에 있어 큰 차이점이 존재합니다.

언제나 '말'은 '우리'를 빠른 속도로 묶어주는 역할을 해왔습니다. 표정과 행동을 동반할 수 있는 능력을 갖춘 말은 음성의 높낮이와 끊어 읽기 등의 마법을 부리며 화자의 생각에 양념을 치기도 합니다. 앞의 말을 뒤의 말로 재빨리 변호할 수도 있고, 휘발성이 강해서 약간의 무책임을 허용하기도 하죠.

'말'이 타인과의 공감각적 관계에서 생각을 정교하게 다듬는 역할을 한다면, '글'은 나와 나의 관계에서 대화하는 것이라고 정의할 수 있을 것 같습니다. 2차원 평면 위에 문법이라는 질서를 생각해서 다른 사람이 내 생각을 들여다볼 수 있게 말입니다. 글은 나를 위한 것일까요, 타인을 위한 것일까요? 대부분의 글은 남을 위해 존재하는 것입니다. 내가 나와 대화하되 남이 읽을 것을 고려해서 만들어내는 나의 작품이죠. 일기조차도 미래의 다른 상황에 있는 내가 읽기 위한 것이라고 할 수 있습니다.

빠른 속도와 융통성을 가진 '대화'는 나를 현재의 지점에서 우주 끝까지라도 데려다 줄 수 있는, 엄청난 속도와 비약의 우주선과 같습니다. 예를 들어, '우리 아이는 이번 학년에 3반이 되었다'라는 말로 대화가 시작되었다면 그 말을 받은 상대방은 '3반'에 있는 다른 친구에 대한 이야기를 할 수 있겠죠. 혹은 3반 담임선생님을 화두도 던질 수도 있고, 아니면 또 다른 불만, 혹은 칭찬으로 대화의 바통을 이어받아 나갈 수도 있습니다. 무한히 열린 문으로 나아가 돌아올 수 없는 길로 빠져버리기도 하고, 대화를 정돈하려는 의지가 강한 사람이 있다면 다시 돌아오기도 하면서 이런 저런 대화의 여행을 즐길 수 있습니다. (물론 토론 등 규칙이 정해진 말하기는 예외입니다.) 그것이 자유로운 말의 재미이자 매력이겠지요.

글은 한 번 기록한 후 제출하게 되면 영원히 남게 되는 작품으로서 '책임'이 담기는 소통입니다. 특히 책의 저자는 글의 내용을 쉽게 수정하기 어렵기 때문에 신중하게 글을 쓰게 됩니다. 예를 들어, '우리 아이는 이번 학년에 3반이 되었다'라는 글감으로 글을 준비한다고 할 때, 전달하고픈 나의 메시지 즉 주제와 관점을 정해야 하죠. 이때는 자유로운 말하기에서 사용했던, 여기저기 날아다니는 우주선 기법은 곤란합니다. 왜냐하면 여긴 2차원 평면이니까요! 평면 속 글자 기호를 이용해 시공간의 흐름과 감정의 조각들 그리고 모두와 개인의 사건 및 사고와 상상을 표현해야 합니다. 문법이라는 질서는 사람들이 약속한 도로와 신호등 같은 것이라 꼭 지키면서도 나만의 매력을 드러내야 하죠. 그래야 사람들이 내 글을 알게 되지요.

글로 정돈하는 이유

북클럽에서는 즐거운 수다적 요소를 가진 말의 잔치가 끝난 후 글로 생각을 정리합니다.

그렇다면 왜 글로 기록까지 해놓는 것이 좋을까요? 즐거운 수다만으로도 북클럽은 의미가 충분합니다. 즐거운 대화는 나의 장기기억에 의미있는 또 하나의 망을 만드니까요. 그럼에도 불구하고 북클럽에서 우리가 글을 쓰고자 하는 이유는 무엇일까요?

첫째, 나에게 최종 선택된 생각의 정리이다

북클럽 모임 후 나에게 온 생각들 혹은 다시 돌아본 생각들은 머릿속에 떠돌아 다닙니다. 이때 글로 선택된 어젠더agenda: 의제, 안건, 주제는 비로소 내 것이 됩니다. 많은 생각 중 몇 개를 선택하고 집중해서 글로 작업을 하다 보면, 더 깊은 이면을 들여다보게 되고 더 많은 영역에서의 쓰임새를 고려해보게 됩니다. 마지막에는 창의 융합 단계의 대안까지 제시할 수 있게 되지요.

어떤 의미에서 '말'은 수많은 경우의 예시를 만들고, 어젠더를 고쳐보고, 다른 사람의 의견을 듣고 내 것을 고쳐보기도 하는 작업일 수 있습니다. 마치 모래성에서 쉽게 집을 지었다가 마음에 들지 않으면 허물고 다시 지을 수 있는 것이 '말'이라면, '글'은 허물고 세우기가 쉽지 않은 작업이라 신중해질 수밖에 없습니다. 즉, 글을 만드는 작업 자체가 바로 정성을 들이면서도 확고하게 어젠더를 선택하는 일입니다.

둘째, 나의 삶을 돌아보게 하는 메타인지◆를 키운다

글로 남겨진 생각들은 내 삶에서 그것은 어떤 의미였으며, 내 삶에서 그것들을 얼마나 사용해야 할지 등 내가 행동하기 전에 생각해 보아야 할 기준들이 됩니다.

북클럽은 함께 자리하지는 않지만 책으로 존재하는 저자, 책 속에서 관점을 가진 누군가, 책을 함께 읽은 동료들과 내가 나누는 대화의 장입니다. 최소 3명 이상의 다른 삶이 만나기에 더없이 많은 배움을 얻을 수 있습니다. 귀를 막고 입을 닫는 북클럽은 세상에 존재

◆ 메타인지 : 내가 무엇을 알고 무엇을 모르는지를 인지하고, 자신이 모르는 것을 보완하기 위한 계획을 세우며, 그 계획 자체로 평가할 수 있는 인지 능력. 생각에 대한 생각, 인식에 대한 인식을 의미하며 부분보다는 전체를 조망할 수 있는 인지능력이다.

하지 않으니까요. 아마도 우리의 머릿속에서는 이런 질문들이 떠오를 것입니다. '이 산이 아니었어…', '저 길이 더 나은 길이야…', '아, 내가 선택한 것은 최선의 것이 아니었다', '저자의 세상은 어떤 것인가?', '주인공의 입장에서는 그 선택이 가장 안전할지도 몰라…', '등장인물들이 흥분한 저 사건은 현재에서는 어떤 의미인가?', '현재를 같이 살아가는 우리 두 사람의 의견은 어찌하여 이렇게 다른 결론에 이를 수 있는가?'

　이런 과정을 거쳐 글로 선택된 '내 생각'은 메타적으로 우수한 것이 될 가능성이 큽니다. 메타인지 능력이 있다는 것은 '자기 점검'과 '자기 조절'이 가능해서 '어떤 생각을 하는 나'를 또 다른 내가 살펴보고 감시하고 평가할 수 있다는 의미입니다. 글을 쓰다 보면 의도하지 않아도 글로 표현하려는 내용의 객관성을 점검하고 나의 가치관이나 관점을 다른 관점들과 비교하면서 자신을 바라보게 됩니다.

　북클럽을 함께 하는 동안 유형, 무형의 행위는 끊임이 없습니다. 무형의 행위가 바로 사고 활동과 상위의 메타인지가 될 것입니다. 특히 우리가 메타인지를 강력하게 할 수밖에 없는 이유는 동료들과 의견을 나누는 중에 이런 메타인지가 일어나기 때문입니다.

　'아, 이 상황에서 나는 어떻게 생각했었나?'

　'그런 의미에서 나는 이런 행동을 줄여가야겠구나…'

　이러한 메타인지 결과인 반성적 사고 행위가 나의 삶을 돌아보게 하는 글감이며, 나의 어젠더가 됩니다. 이처럼 글을 쓰는 것은 전체를 바라보고 판단할 수 있는 메타인지 능력을 키웁니다.

셋째, 성장하고 변화하는 나를 발견하게 한다

글은 대화 후 선택된 문장과 낱말들의 씨줄과 날줄을 내가 내 눈으로 직접 보는 과정이며, 이는 변화해나갈 나를 기대하게 만듭니다.

우리가 만들어내는 글은 리터러시 활동 중 가장 마지막이라고 가정할 수 있습니다. 읽고, 말하고, 듣고, 쓰는 활동은 반복되기도 하고 겹치기도 하고 순서대로 이루어지기도 합니다. 이것이 바로 학습활동으로서 인간이 짐승과 분리되는 능력입니다. 이때 그런 활동의 순간, 깨달음의 과정을 내가 볼 수 있다면 어떨까요? 성장하고 변화해가는 나를 내가 볼 수 있다면? 그러한 나를 나는 어떻게 인식할까요?

미국의 교육학자인 존 켈러John. M. Keller가 주장한 '학습동기이론'을 살펴보겠습니다. 켈러의 이론은 ARCS 이론으로 부르기도 하는데, 켈러는 학습동기의 중요한 요소로 호기심Attention, 관련성Relevance, 자신감Confidence, 만족감Satisfaction을 말합니다. 우리는 글을 쓰면서 자신감과 만족감 그리고 관련성 있는 또 다른 것을 떠올리기도 하면서 호기심의 고리를 연결할 수 있습니다. 글을 쓰는 것이 학습동기를 불러일으키는 행위이며, 이것은 결국 성장하고 변화하는 나를 직면하게 하는 행위인 것입니다.

📖✏️ **글로 정돈하는 이유**

○ 나에게 최종 선택된 생각의 정리이다.

○ 나의 삶을 돌아보게 하는 메타인지를 키운다.

○ 성장하고 변화하는 나를 발견하게 한다.

글을 쓰기 전 준비하기

내 글씨 바라보기

글은 말이고 생각입니다. 글은 말의 도자기 물레를 돌리고 돌려, 다듬고 다듬은 끝에 만들어지는 것입니다. 내가 쓴 글의 내용은 글을 쓰는 최종 순간에 결정된 것이 아니라 북클럽에서 대화하는 시간 동안 계속해서 선택된 것들입니다. 글을 쓴다는 것은 결정을 내리고, 형태를 그려내는 것에 불과할지도 모릅니다.

글씨는 글의 형태입니다. 물론 글씨의 아름다움이 중요한 건 아니지만, 최소한 평가자가 읽고 해석해낼 수 있는 정도의 글씨는 필요합니다. 여러분은 어떤 종류의 글씨체를 가지고 있나요? 사람들은 고유의 글씨체를 가지고 있습니다. 궁서체 형태의 글씨도 있고, 아무리 신경 써도 ㄹ이 똑바로 서지 않는, 삐딱한 글씨 형태를 가진 사람도 있습니다. 우리가 성인이라면 굳이 글씨체를 바꿔 볼 계기를 마련하기는 어렵습니다.

그러나 초등학생이라면 조금 달리 생각해볼 필요도 있습니다. 초등학생 북클럽에 참여하고 있다면, 글씨와 학습의 관련성을 생각해보세요. 아이들의 발달과정에서 소근육 운동은 매우 중요한데, 그 이유는 눈과 손의 협응력이 뇌 발달에 영향을 주기 때문입니다. 4~5세부터 시작되는 혹은 그 이전부터 시작되는 감각 놀이, 그림 놀이의 연장선에서 글씨쓰기를 떠올려보면 될 듯합니다.

공교육에서 행하고 있는 지필평가는 초중고 학생들이 건너뛸 수 없는 과정입니다. 앞서 말했듯 글씨의 아름다움을 평가하지는 않겠지만, 최소한 평가자가 읽고 해석해낼 수 있는 정도의 글씨는 필요합니다. 또한 초등학생이라면 지우개를 사용하는 습관을 들여야 합니다. 틀린 글자를 줄로 그어놓는다거나 까맣게 색을 칠해 놓는 것을 아무렇지 않게 생각하면 안 됩니다. 지우개를 적절한 곳에 적당한 힘을 주어 사용하는 '보잘것없어 보이는' 능력도 결국엔 평가지에서 반영될 수밖에 없는 능력입니다.

글씨는 습관이기 때문에 '자주' 깔끔한 글씨를 쓸 수 있어야 합니다. 평가를 받으려면 일정한 시간 내에 일정한 양의 글을 써야 하는데, 지우개질이나 예쁜 'ㄹ'을 쓰기 위해 많은 에너지를 쏟아야 한다면 글의 내용에 상대적으로 덜 주의를 기울일 수밖에 없겠지요. 게다가 쓰는 과정에서 생각의 속도는 빠른데 글씨 쓰는 속도가 따라주지 않으니 얼마나 답답하겠습니까. 내 손이 내 생각을 따라갈 수 있어야 합니다. 최근에는 고학년 학생들과 수업할 때 컴퓨터 한글 프로그램을 사용하여 글을 쓰게 하기도 합니다. 학생들이 타이핑을 훨씬 편하게 생각하는 이유가 바로 생각과 쓰기의 속도를 맞출 수 있기 때문입니다. 컴퓨터가 주는 지우기의 편안함이나 손쉬운 되살리기, 붙이기 등의 편집 기능에 익숙해진다면 손글씨의 수고로움으로부터 멀어지고 싶겠죠. 타이핑 글씨가 손글씨를 완전히 대체하는 날이 올까요?

한편, 글씨체는 그 자체로 디자인적인 요소가 있어 아름다움을 지니게 할 수도 있습니다. 기계식 글쓰기 장치가 발달하기 전에는 글씨 자체가 예술과 철학의 결정체로 존경받았던 시절도 있었죠. 특히 중국과 조선의 학자들은 더욱 그러했습니다. 타자기와 컴퓨터가 대중화된 이후로는 다양하고 아름다운 컴퓨터 글씨폰트, font들이 만들어지고 있습니다. 나의 글씨는 곧 나만의 폰트입니다. 나만의 글씨체를 개발하고 사용해보는 것도 재미있는 일이 될 수 있을 것입니다.

메모하기

이야기가 오가는 동안 붙잡고 싶은 말들이 있습니다. 혹은 붙잡고 싶은 내 생각들도 머릿속을 스쳐 갑니다. 남기고 싶은 동료들의 모습도 있을 수 있습니다. 때로는 지나가는 순간들이 내 인생의 오아시스가 될 때도 있는데, 우리가 메모를 하는 이유가 바로 여기에 있습니다.

메모는 온전히 나를 위한 '순간의 수집'이라고 할 수 있습니다. 내가 알아보고 기억을 떠올릴 수 있는 좋은 방법이 '내 메모'입니다. 단어와 문장 모두가 가능하고, 적절한 기호와 그림 혹은 다이어그램을 동원하여 메모할 수 있습니다.

마인드맵으로 메모하기

북클럽에서 확산적 사고 기법 도구인 마인드맵을 사용한 메모 방법을 예로 들어보겠습니다. '마인드맵'은 토니 부잔Tony Buzan이 창시한 창의적 사고기법으로 마음속에 지도를 그리듯이 줄거리를 이해하며 정리하는 방법입니다. 중심 이미지, 중심 키워드에서 가지를 뻗어 나가는 식으로 정보를 연결하고 확산시킵니다.

먼저 중앙의 원에 오늘 도서의 제목을 배치하거나 오늘 북클럽의 주제를 배치합니다. 내가 참여하는 북클럽의 성격을 생각해 보고 어떤 종류의 책을 선정했는지, 혹은 어떤 주제로 이야기를 나누게 되는지를 고려해서 중앙 원의 이름을 정합니다.

그 다음 원에서 뻗어 나올 큰 가지계열를 만들 때는 조금 전략적이어야 합니다. 북클럽 사회자의 진행 순서를 큰 가지로 삼을 수도 있고, 순서와 상관 없이 내가 기록하고 싶은 개념을 중심으로 가지를 만들 수도 있습니다. 내가 좋아하는 범주어를 미리 정해 놓는 것도 좋습니다. 예를 들어 시공간적 배경, 인물 정보, 키워드들의 정의, 멤버들의 주요 발언, 질문, 새로운 개념 등을 범주어로 삼아 큰 가지로 삼아 보는 겁니다. 그렇게 중앙 원과 서너 개 정도의 큰 가지계열를 미리 그려 놓고 메모를 하면 됩니다.

이야기가 어떤 방향으로 흘러갈지 미리 예측할 수 없는 경우에는 노트 전체를 자유롭게 활용하되 선과 다양한 기호를 사용하여 키워드들을 기록합니다. 메모의 최종 목적은 시간이 흐른 후에도 이야기 내용을 떠올릴 수 있는 일종의 '시치미*'를 만드는 것에 있습니다. 장기기억으로 넘겨진 의미들을 다시 떠올리게 하는 일종의 '라벨'이라고도 할 수 있습니다.

때로는 의미 있는 문장 자체를 기록하는 것도 좋습니다. 완성 문장의 경우는 이야기를 나누는 당시의 분위기까지 고스란히 가져올 수

◆ 시치미 : 매의 주인을 밝히기 위하여 주소를 적어 매의 꽁지 속에다 매어 둔 네모꼴의 뿔

도 있습니다. 조사 하나만 바꿔도 의미가 완전히 달라지는 문장의 특성을 그대로 남겨서 공감각적 기억을 불러올 수 있습니다.

《디지털 치매》* 마인드맵으로 메모하기의 예

생각 그물로 메모하기

'생각 그물mind mapping'은 중심 개념에서부터 관련된 아이디어를 시각적으로 표시해 나가는 활동으로, 나의 산출물을 만들기 위한 보다 정리된 메모라고 정의할 수 있습니다. (사실 마인드맵과 생각 그물이 크게 구분되지는 않습니다.) 메모가 주어진 정보를 정리하는 것이라면 생각 그물은 주어진 정보에 논리를 더하는 것이라고 생각하면 됩니다. 생각 그물은 메모와 개요서 중간 단계로 글을 만들 수 없을 때는 생각 그물만으로

◆ 《디지털 치매》 만프레드 슈피처 저, 김세나 옮김, 북로드, 2013

도 산출물이 될 수도 있습니다. 보다 풍부한 생각 정리를 해보고 싶다면 생각 그물이 유용합니다.

생각 그물이나 마인드맵은 어디서나 사용할 수 있는 좋은 생각 도구입니다. 앞에서 요약을 할 때도 마인드맵을 이용했었지요. 요약뿐만 아니라 머릿속에 떠오르는 생각들을 자유롭게 펼쳐가거나, 회의의 내용을 기록하거나, 북클럽에서 나누는 이야기를 메모하는 등 사용할 수 있는 곳은 정말 많습니다. 생각 그물이나 마인드맵에 메모된 내용을 보면서 바로 글을 쓸 아이디어를 정하고, 아이디어에 따라 글을 쓸 순서를 만들어도 좋습니다.

마인드맵과 달리 생각 그물은 여러 가지 형태가 가능합니다. 거미줄 같은 형태일 수도 있고, 나무 모양 혹은 기차 모양도 가능합니다. 글의 주제에 따라 어떤 형태가 좋을지 고민해보세요.

생각 그물의 한 형태로 '비주얼 씽킹visual thinking'을 제안합니다. 비주얼 씽킹은 글과 이미지를 통해 자기 생각을 체계화하고, 기억력과 이해력을 키우는 시각적 사고 방법입니다. 조금 더 간단하게 설명하면 생각을 글과 그림으로 표현하고 나누는 것이지요.(출처: 위키백과) 메모 텍스트에 이미지를 더하면 그 자체로 하나의 완성된 산출물이 됩니다.

비주얼 씽킹은 특히 이미지를 좋아하는 사람들에게 재미있고 예술적인 작업이 되기도 합니다. 마인드맵처럼 중앙을 출발점으로 할 수도 있고, 글을 쓰듯이 노트의 왼쪽 위부터 시작하여 오른쪽 아래로 내려오며 정리할 수도 있습니다. 이때 그림의 역할은 텍스트를 설명하는 보조 역할을 할 수도 있고, 이미지 자체로 정보를 담을 수도 있습니다. 예시에서 보는 바와 같이, 비주얼 씽킹은 어떤 특별한 형태와 진행 방식이 정해져 있지 않기 때문에 창의성을 마음껏 발휘할 수 있습니다. 비주얼 씽킹은 초등학생부터 성인까지 누구나 개성을 담은 작품이 될 수 있습니다.

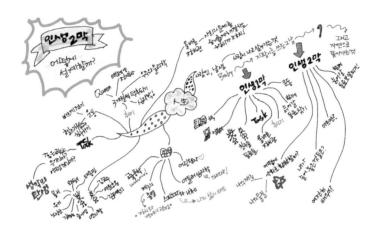

비주얼 씽킹으로 '인생 2막' 생각 확장하기

 메모하기

- 마인드맵 메모 : 중심 이미지, 중심 키워드에서 가지를 뻗어나가는 식으로 정보를 연결하고 확산하며 메모한다.
- 생각 그물 메모 : 중심 개념에서부터 관련된 아이디어를 시각적으로 표시해 나간다. 비주얼 씽킹 형태가 유용하다.

개요 짜기

이제 북클럽의 꽃, 글을 쓰기 위한 구체적인 과정에 들어가 봅시다. 글을 쓰는 것은 인간적인 특성이 가장 부각되는 작업이 아닌가 싶습니다. 기호를 사용하고, 기호가 가진 상징성을 통해서 머릿속에 상상이 진행되고, 그 상상의 결과로 기호를 이해하고 공감한 후 그 결과를 표현하는 것이 글입니다.

글은 미래의 나를 포함한 현재 이후의 '타인'을 위한 것입니다. 그러므로 '친절함'이 있어야 합니다. 이해가 되는 전개, 매력 있는 표현이 필요합니다. 이것이 개요를 짜는 이유입니다.

대개 '개', 요긴할 '요'를 쓰는 '개요槪要'는 대략 중요한 내용을 간결하게 추려서 쓴다는 뜻입니다. 즉, 중요한 핵심만 뽑아서 정리한다는 의미이지요. 우리는 이미 '개요'의 중요성을 학교 시험을 치르면서 경험한 바 있습니다. 국어 과목 시험에서는 지문을 제시하고 글의 내용 중 가장 중요한 것 골라내기, 즉 '개요'를 찾아내는 문제가 자주 등장합니다. '개요'는 학습능력 평가의 절대기준이 되고 있다고 볼 수 있습니다. 이미 쓰인 글에서 '개요'를 찾아낸다면 제대로 독해했다고 보는 것입니다.

논설문과 설명문 개요 짜기

개요의 형태는 글의 종류에 따라 조금씩 다른데, 대표적으로 논설문과 설명문의 경우를 살펴보겠습니다. 논설문이나 설명문의 개요는 서론, 본론, 결론으로 구분하며 설계합니다. 논설문과 설명문의 경우는 논리성과 전개의 타당성이 중요합니다.

❶ 주제 정하기 : 우선 주제나 가장 핵심적인 주장을 정합니다. 제목은 개요 정리가 끝난 후 정하는 것도 좋은 방법입니다. 제목은 가장 강한 후크hook, 유인적 요소이기 때문입니다.

❷ 도입 배치하기 : 주제가 정해졌다면 서론 부분에는 본론에서 이야기할 내용을 기대하게 할 만한 매력 있는 도입을 배치합니다. 즉, 독자가 관심 있어할 만한 사회현상이나 사건에 대한 경향성을 제시하거나 다수의 의문을 정돈하는 것이지요. 넓은 범위 안에서 이슈를 떠올리게 하면서 관심의 영역과 폭을 정해줍니다. 서론은 글의 문지기 역할을 하므로 내용 일부를 제시해서 관심을 불러일으키는 것도 좋습니다.

❸ 본문 전개 방식 정하기 : 본론에서 주장 혹은 설명을 전개함에 있어 어떤 방식이 적합할지 결정합니다. 전체를 먼저 보여준 후 구체적으로 접근하는 것이 좋을지 혹은 구체적인 여러 상황을 꼼꼼히 제시한 후 전체를 보여주는 것이 매력적일지 생각해봅니다. 두 가지 정도의 이슈로 논쟁하는 형식도 좋습니다. 주요 개념을 정의하고, 개념에 대해 풀어가면서 적절한 예시와 함께 의견을 밝힐 수도 있습니다. 문학적으로 접근한다면 작품 일부를 인용하고, 그에 대한 나의 경험을 배치하고 관점을 등장시키는 것도 좋습니다.

글의 전개 방식은 내 글을 읽을 것으로 예상되는 사람이 '어떤 사람인지 고려'하는 가운데 자연스럽게 결정할 수 있습니다. 내 또래 혹은 나의 수준에서 읽기 편하고 매력적이라고 생각하는 방식을 선택합니다. 나보다 나이가 많은 사람이 대상이라면 선지식이나 이해도가 높을 것임을 예상할 수 있습니다. 나보다 나이가 어린 사람이 대상이라면 그 연령이 이해할 만한 어휘를 쓰거나 상황을 예로 드는 것과 같이 글로 친절해질 수 있는 최대한의 노력을 더 해야 할 것입니다. 만약 우리 반 학생들이 독자라면, 우리 가족이 독자라면, 불특정 다수가 독자인 SNS라면, 나를 한 번도 보지 못한 사람들이 독자라면 어떻게 글을 써야 할지, 다양한 독자에 대해 상상해보세요. 내 글이 입어야 할 옷의 종류와 색깔이 선명해질 것입니다. 읽을 대상을 고려하되 파격적인 전개로 글의 매력을 더할 수도 있을 것입니다. 북클럽에서 글쓰기를 한다면 북클럽 구성원에게 이해시킬 수 있는 글을 쓴다고 생각하고 쓰면 됩니다.

⟳ **결론 정리하기** : 서론에서 제기한 문제와 본론에서 정리한 내용을 다시 한번 그럴 듯하게 마무리하는 단계입니다. 이때 본론이 구체적인 서술 방식이라면 결론은 다소 추상성을 띠어도 됩니다. 좋은 방법으로는 명언이나 속담 혹은 본론의 내용을 포괄할 수 있는 일반적인 단어와 문장을 사용하는 것입니다. 내 생각의 전개를 확실하게 결론지어 독자로 하여금 확실한 동의를 얻어내는 것이 좋습니다.

개요 짜기 중요한 핵심만 뽑아서 정리하는 것

○ 논설문과 설명문 개요 짜기 : 주제 정하기 → 도입 배치하기 → 본문 전개
　방식 정하기 → 결론 정리하기

다음 예시를 통해 논설문과 설명문의 개요 짜기의 내용에 대해 다시 한번 정리해 보시기 바랍니다.

순서	내용	비고
예시 '나의 인생 2막' 개요(글 설계도) 작성하기		
제목	• 나의 인생 2막 설계 도전!	• 강한 후크이므로, 매력 있게!
주제	• 나만의 바람직한 은퇴 생활 설계하기	• 주제는 어젠더가 등장하도록 • 긍정적 전개방식
서론	• 사람이라면 누구나 늙어가는데, 나는 어떤 대비를 하고 있는가 • 바람직한 인생에 대해 이야기한 선현과 그의 어록 • 고령화사회에 대한 뉴스	• 궁금증 • 사회 맥락적 이슈와 연결 • 동기
본론	• 인생의 사전적 정의, 내가 정의하는 인생 • 나의 인생 1막 되돌아보기 　: 일, 책, 취미, 운동, 친구와 동료, 함께 늙어갈 동료, 올바른 정치관 • 나의 인생 2막에 필요한 것 질문과 답 　: 질문 1) PREP 　: 질문 2) PREP	• 전개방식: 3개의 소문단으로 나눈다. 1문단은 정의, 2문단은 인생 1막 소개, 3문단은 인생 2막 소개를 바탕으로 필요한 어젠더를 찾아 전개한다. • PREP 다양하게 변용하기
결론	• 1막과 2막 삶에 대한 소회 • PR 정리	• 본론 요약 • 삶에 대한 선현의 말

글로 기록하기

북클럽에서 글을 써야 하는 이유

'책을 읽는다.' 언뜻 생각하면 간단한 행동 같지만, 독서는 겹겹의 행동이 쌓이는 행위입니다. 이해가 어려워 헤매기도 하고, 나의 지식을 수정하고 더하기도 합니다. 혼자 소중히 간직하고 싶은 감정이 생기기도 하고, 다른 사람과 함께하고 싶은 마음을 느끼기도 합니다.

북클럽은 이런 독서의 경험을 더욱 두텁게 합니다. 혼자 독서하며 겪는 한계를 없애고, 감정을 공유하며, 즐거움을 배로 만듭니다.

북클럽의 기본 재료는 '텍스트'입니다. 선정한 책을 읽고 북클럽에 가기 전에는 '텍스트'로 생각을 정리하는 것이 좋은데, 이것이 북클럽에서 글쓰기의 시작입니다. 책을 읽으면서 어려운 부분을 메모하거나 함께 이야기 나누고 싶은 주제를 적어가도 좋습니다. 평소 생각을 글로 옮겨 적는 데 어려움을 느끼는 사람들은 간단한 메모 습관으로도 자신감을 얻을 수 있습니다.

북클럽에서 '발제문'을 만들기도 합니다. 순서를 정해 발제하면 좋은 질문을 얻고 생각을 확장할 수 있습니다. 여기서 '좋은' 질문이란 책의 맥락에서 벗어나지 않는 주제와 관련한 질문일 수 있지만, 나의 관점에서 떠올리기 힘든 색다른 질문일 수도 있습니다. 의견을 듣는 과정에서 읽고, 쓰고, 말하고, 듣는 힘도 길러집니다

'독후감'을 쓰는 것도 좋습니다. 자유로운 형식으로 독후감을 쓰는 것이 좋지만, '독후감'에 대한 부담감이 크고 자유롭게 쓰는 것에 익

숙하지 않은 경우가 많지요. 이런 경우, 북클럽 구성원들과 함께 '형식'을 정해 시작하면 편합니다. 예를 들면, 북클럽에서 함께 나누었던 인상 깊은 구절이나 한 줄 평으로 시작을 여는 방법이 있습니다. 짧은 줄거리 요약도 좋은 방법입니다. 마지막 문단에서는 함께 이야기 나누고 싶은 질문을 적거나 나의 경험을 소개할 수도 있습니다. 책의 종류에 따라, 모임의 성격에 따라 다양한 형식을 만들 수 있습니다.

발제문, 독후감은 완성된 글을 쓰기 위한 글쓰기입니다. 앞에서 소개한 요약하고 정리하는 다양한 방법을 활용하면 한 편의 글을 생각보다 쉽게 완성할 수 있을 것입니다. 책을 읽고 머릿속에 흩날리는 정보와 생각을 정리하기 위한 방법들입니다.

우리는 '책'을 매개로 저자와 만나고 세상을 넓힙니다. 저자가 시작한 '텍스트'는 독자에 의해 완성됩니다. 이 과정에서 나의 생각을 담은 글쓰기는 텍스트를 완성시키는 좋은 도구가 됩니다. 따라서 좋은 책 읽기와 글쓰기는 분리할 수 없습니다. 책을 읽고 이야기 나누는 북클럽에서 글만큼 이상적인 소통 도구는 없습니다

글쓰기 방법

말한 대로 쓰기

'사랑이란 무엇인가?' 인류의 영원한 질문입니다. 대답하기 쉽지 않습니다. 경험을 되돌아보고 감정을 추려 정의를 내리는 과정은 용기가 필요한 일입니다. 위대한 문인들에서 멋진 대답을 찾아야 할 것 같은 어려운 질문이지요.

이제 막 10살이 된 아이들에게 물었습니다. '사랑은 무엇인가?' 그들은 거침없이 대답하고 써 내려갑니다. 깊은 고뇌에 빠져 허공에 고정된 시선, 떠오른 생각이 날아갈까 다급한 손, 모두 진지합니다. 이렇게 한 페이지를 가득 채운 글에는 진한 장난도 섞였지만 '사랑'에 대한 나름의 확고한 철학과 이유가 담겨 있습니다. 어른들도 쉽게 쓰지 못하는 '사랑의 정의'를 아이들은 용기 있게 만들어 냅니다. 아이의 글을 본 부모님들은 깜짝 놀랍니다. "우리 아이가 이런 글을 썼다고요? 정말 멋진데요?"

아이들이 멋진 작가가 된 방법은 간단합니다. 책을 읽고 이야기를 나누는 것입니다. 그리고 글로 옮깁니다. 아이들에게 사랑에 관해 묻기 전,《아낌없이 주는 나무》◆를 읽었습니다. 한 남자가 소년에서 성인이 될 때까지 한 그루의 나무가 아낌없이 내어주는 이야기를 낭독했습니다. 열매와 가지를 내어주던 나무는 노인이 된 남자가 쉴 수 있도록 남은 밑동까지 기꺼이 내어줍니다. 우정과 희생, 나아가 인간과 자연의 관계까지 생각해볼 수 있는 좋은 책입니다.

독후활동의 시작은 책에 등장한 인물의 '마음'을 헤아려 보는 것이었습니다. 남자의 마음은? 나무의 마음은? 어떤 마음일지 우리의 경험을 빗대어, 책에 근거하여 상상합니다. 그리고 '사랑'의 조건을 찾아봅니다. 배려, 희생, 용기… 멋지고 웅장한 단어들이 줄지어 나옵니다. 심지어 상대를 향한 '관심과 관찰', 상대의 잘못을 잘 타이르는 뛰

◆ 《아낌없이 주는 나무》 셸 실버스타인 저, 시공주니어, 2000

어난 '대화 능력'까지 등장합니다.

다시 책으로 돌아옵니다. "나무의 마음은 사랑일까?"라는 질문에 역시 뜨거운 대화가 오갑니다. 조건 없는 희생은 사랑이 아니라 욕심이라는 의견이 나옵니다. 아낌없이 주는 사랑을 역사에서 찾아보기도 합니다. 독립운동, 난민 보호는 '사랑'이 있기 때문이라고 말하는 아이도 있습니다. 고백했지만 이뤄지지 않았던 자신의 짝사랑 이야기가 나오기도 하고, 엄마와 아빠는 늘 싸우지만 사랑한다고 말하니까 사랑을 하려면 '싸움'도 필요하다는 그럴 듯한 이유를 말하기도 합니다.

집으로 돌아가기 전 오늘의 대화를 글로 옮겨 씁니다. 바로 이것이 번뜩이는 눈빛으로 한 장의 글을 빼곡히 채우는, 비법 아닌 비법입니다. 저는 선생님이라는 이름으로 함께하기에 그저 처음, 중간, 끝에서 이야기를 나누도록 도와줄 뿐이지요. 그들은 적극적으로 고민하고 반박하며 토의합니다. 그러니 말을 글로 바꾸기만 해도 진정성은 보장되는 글이지요. '좋은 사랑의 방식은 무엇일까', '사랑에 대한 나의 깨달음', '사랑의 얼굴은 다양해', '나의 최고의 사랑, 뭉치' 등 멋진 제목을 가진 한 편의 글이 완성됩니다.

북클럽에서 책을 읽고 이야기를 나눴다면, 이제 글을 쓰는 건 어떨까요? 타인과 함께 책을 탐독하며 생각을 정리하는 것이 북클럽의 가장 좋은 점입니다. 읽는 책과 운영 방법이 달라도 북클럽에서의 시간은 책 읽은 경험이 생각이 되고, 생각이 멋진 문장이 되는 생산적인 시간이 됩니다.

즐거운 수다 중 튀어나온, 나도 몰랐던 나만의 견해와 세상을 보는 시선을 공기 중에 사라지지 않도록 노트에 꼬옥 붙잡아 봅니다. 거창하지 않습니다. 시작이 어렵다면 책의 내용을 간단히 3~4개의 문장으로 소개하거나, 오늘 대화 중 가장 좋았던 문장과 이유를 적어도 좋습니다. 간단합니다. 오늘의 대화를 일기처럼 그대로 옮기기만 해도 멋진 글이 탄생할 겁니다.

저는 아이들과 책을 통해 글의 재료를 찾습니다. 아이들이 책에서 글의 땔감을 찾고 불을 지피는 동안 간섭하지 않습니다. 그들이 찾아온 낙엽과 이파리는 때론 저의 나뭇가지보다 활활 잘 타오르기도 하니까요. "좋은 글은 말이야, 사랑은 말이야…." 하는 식의 정의를 하지 않아도, 아이들은 규칙이 더해진 자유로운 대화 속에 우주를 만들어냅니다. 다만 그들이 가져온 온갖 낙엽이 바람에 날아가지 않고 불 피우는 데 사용할 수 있도록 빗자루로 열심히 긁어줄 뿐입니다. 혹시 아나요? 우리가 찾은 '사랑의 정의'가 에리히 프롬의 《사랑의 조건》을 능가하는 명작이 될지 말입니다.

이것이 어린이 북클럽이 얼마나 필요한지 말하고 싶은 이유이기도 합니다. 아이들이 현실에서 생각하지 못하는 것들을 함께 모여 책을 읽으며 "이건 무슨 뜻일까? 왜 그럴까?" 하는 질문을 던지면서 마음껏 펼쳐지고 넓어지고 깊어집니다. 물론 이는 어린이뿐만 아니라 우리 모두에게 필요합니다.

주제를 정하여 쓰기

북클럽에서 나눈 대화를 '글'로 옮겨 쓰는 방법은 다양합니다. 만약 함께 읽은 책이 '문학' 책이라면 어떤 방법이 있을까요?

우리는 먼저 작품을 읽고 북클럽에서 만나 감상을 나눕니다. 선정한 책이 마음에 드는 이유와 그렇지 않은 이유를 말하고 서로 설득해봅니다. 책을 분석하면서 나의 철학을 드러내기도 하지요. 작가가 만든 세상을 비판하거나 나의 세상과의 접점을 찾기도 합니다. 이렇게 뜻있는 시간을 갖고 나면, 한 가지 주제를 정해 글을 써봅니다.

앞서 아이들 글의 재료가 되어준 《아낌없이 주는 나무》을 예로 들어볼까요? 이 책을 읽고 나면 나무와 인간 관계에서 떠올린 수많은 관계에 관해 이야기를 나눌 것입니다. 자연과 인간의 관계를 말하며 인간의 태도를 성찰하거나 부모와 자식 관계, 연인 관계로 해석하기도 합니다. 또 나무가 주는 대로 받기만 한 인간의 태도를 말하다 보면 우리가 가족, 학교, 회사에서 겪은 크고 작은 경험이 등장하기도 합니다.

그중 '나에게' 가장 의미 있는 주제를 선택합니다. 살면서 한 번도 고민해본 적 없는 주제, 혼자 책을 읽을 때는 떠오르지 않았는데 함께 이야기 나누며 생각이 깊어진 주제, 팀원과 의견이 대립하면서 더욱 탄탄해진 주제도 좋습니다. 글의 주제를 정하는 과정에서 오늘 북클럽 모임의 시퀀스◆가 정리되고 모임의 의미도 찾게 되겠지요.

◆ 시퀀스(sequence) : 하나의 이야기가 시작되고 끝나는 독립적인 구성단위. 극의 장소, 행동, 시간의 연속성을 가진 몇 개의 장면이 모여서 이루어진다.

작가가 문학 작품에서 만든 세상을 내 맘대로 넓혀 봅니다. 책의 앞 이야기, 뒷이야기, 숨은 이야기를 찾아봅니다. 사과나무는 누가 심었을까? 아이는 왜 그 숲에서 놀았을까? 노인이 죽고 밑동만 남은 나무는 어떻게 됐을까? 숲에서 맺어진 또 다른 인연은 없을까? 다양하게 상상해봅니다. 그 다음, 글쓰기 완성도의 기준을 한 가지 정해 봅니다. '무조건 재미있게', '개연성 있게', '책 내용과 연결이 되게', '주인공의 성격이 드러나게' 방법은 많습니다. 욕심 낼 필요가 없습니다. 상상하며 글쓰기를 해본 적 없다면 딱 하나만 정해서 쓰는 것도 버겁거나 어려울 수 있으니까요.

작가가 만든 세상에서 책을 덮지 않고 독자가 세상을 변주하는 것은 이야기를 즐기는 좋은 방법입니다. 문학이 주는 즐거움이기도 하지요. 사실 우리는 본능적으로 책, 영화, 게임 등의 매체와 상관없이 '이야기'에 매료되고, 그 속에서 끝없이 세계관을 확장하고 상상하기를 즐깁니다. 드라마의 엔딩이 마음에 들지 않으면 출연 배우의 다른 출연작을 편집해 새로운 엔딩을 만들어 밈* 놀이를 하기도 합니다. 《스타워즈》나 《분노의 질주》처럼 가장 상업적인 할리우드 영화산업에서 지속해서 뒷이야기를 시리즈로 만들거나 앞 이야기를 프리퀄*로 만들어 파는 것도 시사하는 바가 있지요.

◆ 밈(meme) : 유전자처럼 개체의 기억에 저장되거나 다른 개체의 기억으로 복제될 수 있는 비유전적 문화요소 또는 문화의 전달단위로 영국의 생물학자 도킨스의 저서《이기적 유전자 The Selfish Gene》에서 소개된 용어이다.
◆ 프리퀄(prequel) : 오리지널 영화에 선행하는 사건을 담은 속편

상상하며 쓰기

9세 아이들과 《완벽한 아이 팔아요》*를 읽고 상상하는 글을 써보았습니다. 《완벽한 아이 팔아요》는 완벽한 아이를 원하는 부모가 아이 마트에 가서 가장 완벽한 아이를 사는 이야기입니다. 혼자 숙제도 잘하고 편식도 하지 않는, 그야말로 완벽한 아이지요. 반면에 아이를 사온 부모는 완벽하지 않았습니다. 아이의 옷도 챙기지 못하고, 학교 일정을 잊어 아이가 학교에서 창피를 당합니다. 아이는 더 이상 완벽한 아이처럼 행동하지 않습니다. 부모는 마트로 찾아가 아이가 이제 완벽하지 않다고 따집니다. 그때 아이가 마트 점원에게 묻습니다. "완벽한 부모는 어디서 살 수 있나요?"

독후활동을 시작하자 아이들은 마트의 진위를 따지기 시작합니다. 지금은 없지만 미래에 생길 수 있다고 예상하거나 입양하는 곳으로 생각하기도 합니다. 자연스럽게 부모가 아이를 낳지 않고 아이 마트를 찾아간 이유도 찾습니다. 아이를 낳으면 몸이 아파서, 잔소리하기 귀찮아서 완벽한 아이를 키우면 편하다는 의견도 많습니다. 이후에 부모와 아이는 다시 가족이 됐을지 상상합니다. 부모는 아이의 반항이 싫어서 반품했을 것이다, 아이가 부모를 원하지 않아서 마트에서 살기로 했을 것이다, 완벽한 아이가 없다고 깨닫고 다시 가족이 됐을 것이다 등 의견은 분분합니다.

그 다음 글쓰기를 시작했습니다. '뒷이야기 상상하기'가 인기가 많

◆ 《완벽한 아이 팔아요》 미카엘 에스코피에 저, 마티외 모데 그림, 박선주 옮김, 길벗스쿨, 2017

습니다. 마음이 상한 부모와 아이가 어떻게 됐는지 호기심이 생긴 듯합니다. 아이들이 완성한 뒷이야기에서 책보다 더 흥미로운 생각들이 발견되기도 합니다. 마음이 상한 가족이 화해하는 모습, 완벽한 아이처럼 완벽한 부모가 되기 위해 노력하는 모습, 망해버린 아이 마트까지… '완벽하지 않아도, 노력만 해도 사랑할 수 있다'는 멋진 문장이 등장하기도 합니다.

앞 이야기, 뒷이야기, 숨은 이야기를 상상하는 방법 외에도 재밌는 방법은 많습니다. 책의 세상에서 마음에 들지 않는 부분을 이상적으로 바꿔 보는 겁니다. 원하는 결말로 바꾸거나 악당을 빼 버리는 것도 후련함을 줍니다. 시대적 배경을 과거나 미래로 바꾸거나 국가를 서양에서 동양으로, 미국에서 아프리카로 바꾸는 것도 즐거운 경험이 됩니다.

누구나 상상할 수 있습니다. 새로운 세상을 만들 필요는 없습니다. 함께 읽은 책의 세상을 여행하며 세상의 모양을 자기 마음껏 상상하고 바꿔 보는 것만으로도 충분합니다.

설명하거나 논증하며 쓰기

북클럽에서 《프레임의 힘》*을 읽었습니다. 《프레임의 힘》은 인지 능력의 중요성을 강조하는 책입니다. 저자는 '프레임'은 문제를 정의하고, 접근 방법을 설계하며, 데이터를 선별해 최선의 해결책을 찾는

◆ 《프레임의 힘》 케네스 쿠키어·빅토어 마이어 쇤버거·프랑시스 드 베리쿠르 저, 김경일·김태훈 옮김, 21세기북스, 2022

인간의 고유 능력이라고 말합니다.

정보량이 많은 비문학을 읽을 때, 낯선 단어를 메모하고 기억에 남는 구절을 따라 써봅니다. 어려운 문단은 질문을 적어 두었다가 북클럽에서 함께 풀이해봅니다. 손으로 직접 기록하며 얻는 효과는 이미 다양한 연구들에서 증명되었지요. 우리도 이 방법으로 북클럽의 한정된 물리적 시간을 효율적으로 이용하고자 했습니다. 그리고 다음 책을 읽기 전에 《프레임의 힘》에 대한 글을 써 보기로 했습니다. 이 책은 우리의 삶에 적용해보지 않으면 의미가 없다고 의견을 통일했기 때문입니다. 우리는 현재의 삶에 도움이 될 수 있는 글을 써 보기로 했습니다.

대학을 졸업하고 취업 준비 중인 A는 취업 준비 계획서를 작성했습니다. 자신의 전공 과목에 회의를 느끼던 A는 방황 중이었는데, 저자가 소개한 방법대로 문제 상황을 적고 4가지의 방향을 글로 완성했습니다. 대학원을 다니는 B는 논문 방향을 잡는 데 이용했습니다. 책에 등장한 '다원주의' 개념을 이용해 주제를 새롭게 바꿨습니다. 이 사례처럼 비문학을 읽고 저자의 의도에 맞게 비문학 글을 써볼 수 있습니다. 경제 서적이라면 경제 공부를, 역사 서적이라면 역사 공부를 할 수 있겠지요.

에세이 쓰기

자기 생각과 느낌을 자유롭게 써보세요. 저는 6학년 아이들과 《처음 세계사》 시리즈 중 '중세' 편을 읽고 글쓰기를 해보았습니다. 시중에는 초등학교 고학년을 대상으로 만든 역사책이 많습니다.《처음 세계사》,《용선생 시리즈》등 다양합니다. 일단 역사책은 이해하고 처리해야 할 정보량이 많기 때문에 앞 장에서 소개한 요약하기, 질문하기 방법을 활용해 내용을 정리했습니다. 정보를 명확히 인지하고 나면 펼치고 싶은 부분이 선명해지지요. 그럼 주제에 맞는 적당한 글의 종류를 함께 찾습니다.

명수는 중세 시대 사람들의 사상이 기이하다고 말합니다. 기이한 느낌을 주는 이유를 찾기 위해 중세의 특징을 정리하고, 시대의 등장 배경을 발표하고 싶다고 합니다. 희진이는 마녀사냥이라 불리는 사회적 현상에 크게 화를 냈습니다. 마녀로 몰려 억울하게 죽은 여자의 마음을 담아 시 한 편을 완성했습니다. 십자군 전쟁을 배경으로 한 희곡 한 편이 만들어지기도 했습니다. 교회에 대한 믿음과 의심이 뒤섞인 군인들의 대화가 인상 깊습니다. 이처럼 책을 읽고 떠오른 생각을 자유롭게 펼쳐가는 것, 그리고 그 생각의 깊이를 더해보는 것이면 충분합니다.

작가처럼 쓰기

우리는 글을 쓰는 체험을 통해 저자가 창조한 세상과 가까워집니다. '글쓰기'라는 단어가 무겁게 들릴 수 있으나, 글을 쓰고 내놓는 사람을 작가라고 한다면 사실 우리는 모두 작가인 세상에 살고 있습니다. 소셜미디어에 고심하여 고른 사진을 올리고 어울리는 글귀를 고민합니다. 사람들이 나의 글을 어떻게 읽을지 고민해서 글을 쓰지요.

또 블로그, 브런치, 팬클럽 등 수많은 인터넷 공간에 자유롭게 글을 씁니다. 수익을 목적으로 광고 글을 쓰거나 회사에서 서류를 작성할 때도 계속 글을 쓰고 있습니다. 등단하고 직업란에 작가라고 쓰지 않아도 본능적인 표현 욕구나 각자의 목적 때문에 글을 씁니다.

북클럽에서 오롯이 '작가'의 마음으로 글을 써보는 건 어떨까요? 책을 읽으며 혼자 또는 여럿이 사유하고 감상한 내용을 글로 적으며 처음에 발견하지 못한 작가의 의도까지 발견할 수 있습니다. 글쓰기는 버리는 작업이기도 합니다. 글쓰기는 독자를 상정하고 전하려는 게 무엇인지 정돈하는 과정입니다. 따라서 중심을 제외하고 버리는 과정에서 관점이 선명하게 드러납니다. 아무리 복잡한 생각도 언어화해서 쓰는 동안 정리됩니다. 글을 쓰는 동안 우리는 변합니다.

글 쓰는 행위를 떠올려보세요. 글은 손으로 한 글자씩 힘을 주어 씁니다. 손끝에서 시작한 정성스러운 행동은 조심스럽고 정확하지 않을 수 없습니다. 몇 문장을 쓰다 보면 우리의 깊은 내면을 꺼내기도 하고, 과거 경험과 만나기도 합니다. 자신이 오롯이 드러나는 작업이므로 '나'를 들여다볼 수밖에 없습니다. 우리가 책에서 만난 저자도 이 과정을 거쳐 책을 썼겠지요. 저자가 자신에게서 시작해 자신을 둘러싼 작은 세상, 사회를 만나고 이야기를 수집해 '글'로 완성한 과정입니다. 따라서 이 과정을 똑같이 체험하는 것은 의미가 있습니다.

책은 생각의 근육을 키웁니다. 생각을 변화시키고 자극하며 공고히 만듭니다. 이런 과정을 남기는 건 '나의 생각 역사책' 한 페이지를 채우는 것입니다. 누구나 할 수 있는 멋진 일이지요. 매일 승객에게 메모장을 건네는 택시기사 아저씨도, 고등학생의 수험생일기도, 시대의 한 귀퉁이를 채우는 멋진 역사 자료가 되니까요.

북클럽이 끝나면 곧바로 카페에 앉아, 지하철에서, 메모장이나 핸드폰에 머릿속에 떠다니는 많은 생각을 정리하며 써보세요. 그것은 여러분을 변화시킵니다.

예시

낯설게 보기; 나의 사랑을 관찰하는 시간

《아낌없이 주는 나무》를 읽고

이번 주 북클럽에서 함께 읽은 책은 《아낌없이 주는 나무》다. 그림책이라 읽는 데 시간이 오래 걸리진 않았지만, 북클럽 토의 시간은 어느 때보다 길었다. 한 장씩 넘길 때마다 소년은 성장하고 나무는 무언가를 내어준다. 묵직하게 그곳에 있는 나무와 우리의 인생처럼 빠르게 성장하는 소년의 속도는 이질감이 느껴졌다. 이질감은 자연을 향한 인간의 태도를 고민하게 했으며, 나를 돌아보게 했다. 또 인간에게 아낌없이 주는 나무의 태도에서 '사랑'의 정의를 내려보기도 했다.

내용을 요약해보자. 소년을 사랑하는 나무가 한 그루 있었다. 소년은 날마다 나무로 와서 나뭇잎으로 왕관을 만들고, 가지에 올라 그네를 뛰고, 사과를 따 먹고, 나무 그늘에서 쉬기도 했다. 소년은 나무를 사랑했고, 나무는 행복했다. 시간이 흘러 소년은 나이가 들었고, 나무는 혼자 있는 시간이 많아졌다. 어느 날, 소년이 나무를 찾아왔을 때, 소년은 돈이 필요했고, 나무는 자기 사과를 팔아서 돈을 벌면 행복해질 수 있다고 말했다. 소년은 사과를 모두 따갔다. 나무는 행복했다. 오랜 세월이 흐르고 소년이 다시 찾아왔을 때, 소년은 집이 필요했다. 나무는 자기의 가지를 가져가서 집을 지으라고 했다. 소년이 나무의 가지를 모두 가져가자 나무는 행복했다. 떠나간 소년은 오랜 세월이 지나도록 돌아오지 않왔고, 소년이 돌아오자 나무는 너무 기뻤다. 소년은 멀리 떠날 배가 필요했다. 나무는 줄기를 베어다가 배를 만들어 떠나라고 했다. 그럼 소년이 행복할 것이라고. 소년은 줄기를 베어 배를 만들어 떠났다. 나무는 행복했지만, 정말 그런 것은 아니었다. 오랜 세월이 지난 뒤에 소년이 다시 돌아왔을 때, 나무는 소년에게 무언가 주고 싶은데 아무것도 줄 것이 없다고 했다. 소년은 편안히 앉아서 쉴 곳 말고는 필요한 것이 없다고 했다. 나무는 소년에게 늙은 나무 밑동을 내주었고, 소년은 앉아서 쉬었다. 나무는 행복했다.

북클럽에 모인 우리는 자연스럽게 나무의 마음을 이야기했다. 줄기를 잘라 배를 만들고, 밑동에서 휴식까지 얻어가는 사람의 마음이야, 우리에게 너무 익숙한 이기심이기에 반성 말고는 더 이상 말할 것이 없었다. 반면 나무의 마음은 어땠을지 끝없이 이야기가 나왔다. 의인화는 역지사지에도 효과적이지만, 경험을 꺼내는 데도 참 좋다. 나무는 소년이 미웠을까? 서운했을까? 다시 찾아왔을 때 반가웠을까? 그렇다면 나무는 소년을 사랑한 것일까? 모두 숱한 경험을 떠올려 고민하는 표정이었다. 나는 이것이 참 좋다. 우리의 북클럽이 계속 유지되는 이유이다.

우리의 대화는 '무엇을 사랑이라 부를 수 있을까?'로 좁혀졌다. '사랑의 대상이 나를 찾지 않아도 모든 걸 내어줄 수 있는 희생을 사랑이라 볼 수 있는가?'라는 질문이 불씨를 지폈다. 종교적 구원자, 모성애, 의리, 자원봉사. 생각지 못한 다양한 예들이었다. 반박도 있었다. '사랑'과는 구분되는 다른 감정이라는 의견이었다. 조건 없는 희생은 사랑을 넘어 관계를 파멸로 이끌 수도 있다는 의견. 모성애는 사랑이라기보단 생존을 위한 본능으로 봐야 한다는 의견. 희생, 배려, 자원봉사의 감정의 근간은 사랑보다는 '자기만족'으로 봐야 한다는 의견이 기억에 남는다.

사랑의 시작은 '용기'라는 말도 신선했다. 이루어지지 못할 것 같은 짝사랑의 시작도, 새로운 가족의 탄생도 용기가 필요하다는 것이었다. '갈등'도 중요한 조건이라는 말에 모두 웃음을 터뜨렸다. 사랑하는 사람과 겪은 크고 작은 싸움들이 머릿속에 떠오른 것 같았다.

나는 대학생 시절, 견문을 넓히고자 방학을 이용해 라오스 시골 봉사를 떠났다. 젊은 패기로 떠난 라오스의 시골은 모든 게 불편했다. 소중한지 모르고 누려온 깨끗한 마실 물과 뽀송한 잠자리가 이곳에선 당연하지 않았다. 몸뿐만 아니라 마음도 불편했다. 제때 치료받지 못해 작은 병에도 목숨이 위험한 아이들, 교육을 받지 못하고 일하는 아이들을 보며 안타까움과 동정의 마음이 드는 게 별로였다. 보지 않고 느끼지 않으면 이렇게 불편하지 않아도 될 것을! 인천공항에 도착하고 나의 방에서 목욕하고 나오자, 현실이 바뀌었다. 그 불편함을 당장 외면할 수 있어 좋았다. 그렇게 잊혀졌다.

북클럽 사람들과 '사랑의 조건'에 대해 이야기하며, 이유는 모르겠지만 그 경험이 떠올랐다. 이번엔 잊고 있던 새로운 기억까지 함께 말이다. 고국에서 누릴 수 있는 부를 포기하고 2년 넘게 봉사하던 의사와 간호사 부부, 학교를 지어 교실을 만들고 라오스의 부모들을 설득해 아이들에게 배움의 기쁨을 주려던 봉사자들. 그들은 나와 같은 불편한 감정을 느꼈을 것이다. 하지만 거기서 멈추지 않고 자신의 시간과 노력으로 변화할 수 있도록 힘 쏟는 사람들이었다.

나는 그들의 마음을 '불편함에 대한 투쟁, 자기만족, 연민, 배려심…' 정도로 해석했다. 하지만 오늘 모임을 마치고 나니 그들의 마음을 '사랑'이라고도 부를 수 있지 않을까? 생각한다. 그 사랑의 대상이 시골 마을의 아이들일 수도, 같은 인간을 향한 것일 수도, 내가 사는 세상을 사랑한 것일 수도 있다. 아직 대상을 명확히 정의 내릴 순 없지만 말이다.

"사랑해!"

우린 언제, 누구에게 사랑한다고 말할까? 머릿속에 떠오르는 얼굴이 다섯 손가락을 넘지 않는다. 우리는 '사랑'이라는 단어는 꽤 후하게, 그러면서도 꽤 검열적으로 사용하지 않나 싶다. 사랑이라 부르기엔 조금 모자란 그 마음도 사랑이라 부르기에, 충분한 것일 수 있다. 내 마음이 메마를 때마다 그 보물들을 찾아야겠다.

다음 주 북클럽은 또 나의 무엇을 바꿔놓을까? ^^

글쓰기 방법

- 말한 대로 쓰기 : 책을 읽고, 이야기를 나누고, 글로 옮긴다.

- 주제를 정하여 쓰기 : '나에게' 가장 의미 있는 주제를 선택하여 글을 쓴다.

- 상상하여 쓰기 : 앞 이야기, 뒷이야기, 숨은 이야기를 상상하며 글을 쓰거나 마음에 들지 않는 부분을 이상적으로 바꾸어 쓴다.

- 설명하거나 논증하며 쓰기 : 낯선 단어를 메모하고 기억에 남는 구절을 따라 써보면서, 현재 삶에 적용하여 글을 쓴다.

- 에세이 쓰기 : 자기의 생각과 느낌을 자유롭게 쓴다.

- 작가처럼 쓰기 : 작가처럼 독자를 상정하고 전하려는 게 무엇인지 정돈하며 글을 쓴다.

PART 3

어떤 단계에서 북클럽을 시작할까?

북클럽을 만들고 운영할 때
앞서 익힌 방법들을 다 이용해야 할까요?
북클럽의 단계별로 시작해보세요.
북클럽에서 어떤 순서로 무엇을 해야 할지
필요한 것들을 선택하고 적용할 수 있습니다.

1단계 : 북클럽 걸음마
감상 나누고 내용 확인하기

인사하기

구성원들이 모여 서로 인사를 나눕니다. 북클럽이 원활하게 꾸려지기 위해 가장 중요한 전제조건은 구성원들이 약속한 책을 미리 읽고 오는 것입니다. (물론 북클럽의 활동 계획에 따라 함께 낭독하며 읽기로 한 경우는 예외입니다.) 그리고 정해진 시간을 지키는 것입니다. 함께 책을 읽고 생각을 나누는 것이 목적이기 때문에 구성원들이 시간을 제대로 지키지 않는다면 수다만 떨다가 끝날 수도 있습니다.

> **북클럽의 기본 규칙**
>
> ○ 책(텍스트) 미리 읽고 오기
> ○ 약속 시간 지키기

감상 나누고 내용 확인하기

북클럽의 리더가 진행합니다. 가능하다면 매번 '생각 리더'를 정해 돌아가면서 하는 것이 좋습니다. 생각 리더는 그날의 텍스트를 더 꼼꼼하게 읽고 내용을 요약하여 준비합니다. 조금 더 깊이 고민하여 간단한 질문과 대답 형식으로 만들어오는 것도 좋습니다. 책에 대한 감상을 본격적으로 나누기 전에 책의 개요를 훑어보는 단계입니다.

먼저 생각 리더는 읽은 책의 인상부터 물어봅니다. 그 다음 함께 읽거나 필사하는 과정을 통해 감상을 나누고, 내용을 확인합니다.

- 어떤 책이라고 생각하나요?
- 작가는 누구인가요?
- 어떤 부분이 인상적인가요?
- 책의 목차는 어떤 순서로 구성되어 있나요?(비문학 책인 경우)

함께 읽기
배우처럼 낭독하기

책의 인상적인 부분, 좋았던 부분을 함께 읽거나 낭독합니다. 그리고 왜 그 부분이 인상적인지 이유를 들어 이야기합니다.

비문학 책이라면 책의 서문을 낭독해도 좋습니다. 서문은 저자가 책을 쓴 목적과 책의 내용에 대해 정확하게 안내하고 있는 지도와 같기 때문입니다. 그래서 서문을 읽으면 책의 핵심을 더 쉽게 파악할 수 있습니다. 비문학책을 읽을 때 서문은 꼭 읽으세요.

낭독하면 이해의 폭이 넓어집니다. 소리의 파동은 우리를 움직이게 하고 소리 내어 읽는 사람은 책의 내용을 더 잘 이해하게 됩니다. 소리 내어 읽어보면 알겠지만, 자신이 의미를 이해하지 않으면 제대로 읽을 수가 없습니다. 특히 자녀들과 북클럽을 처음 시작한다면 낭독하기를 적극적으로 추천합니다. 낭독은 듣는 사람에게는 듣는 즐거움을 주고, 어휘량을 늘려주며, 배경지식을 쌓도록 도와줍니다. 아이들이 직접 소리 내어 읽다 보면 작중 인물에 몰입하게 되고 입체적으로 이야기를 이해합니다.

필사하기

자신이 좋았던 문장, 인상적이었던 문장, 낭독했던 문장을 필사합니다. 필사는 몸으로 기억하는 일입니다. 필사는 글을 눈으로 담았다가 뇌로 되뇌며, 다시 손으로 쏟아내는 일이기 때문입니다. 앞에서 낭독을 통해 소리의 울림을 느꼈다면, 손으로 필사하며 몸에 울림을 새기는 일이 바로 필사입니다. 필사한 후에는 필사한 문장이 나에게 어떤 느낌을 주는지, 어떤 생각이 떠오르게 하는지를 적어봅니다. 이 과정에서 마음의 울림을 느낀다면 그다음에는 쓰고 싶어집니다.

질문하고 토론하기

감상을 나누고, 인상을 말하거나 필사하기 등 도입 과정에서 충분히 책의 내용을 이해했다면 차례로 질문하고 그 질문에 서로의 의견을 자유롭게 나누는 자유 토론의 시간을 갖습니다. 이때 북클럽 구성원들이 책을 읽고 각자 하나 이상의 질문을 만들어 오는 것이 좋습니다. 각자 질문을 나누고 서로의 대답을 공유하다보면 다양한 경험과 인생 이야기가 녹아나옵니다. 만약 구성원들이 정리된 내용을 공유하고 싶다면 리더가 준비한 요약문을 나눌 수도 있지만, 1단계에서는 가볍게 인상을 나누고 필사하기 등을 통해 내용을 나누는 것으로 충분합니다.

북클럽에서 서로 질문을 나누는 것은 매우 중요합니다. 질문하는 것은 생각을 깨우는 일입니다. 질문하는 순간 생각을 자극하고, 적극적으로 마음을 열고 대답을 찾기 위한 정보를 탐색하게 됩니다. 질문은 답을 찾아가는 과정에서 현재보다 나은 방향을 찾아 탐구하게 합니다. 혼자 책을 읽을 때에도 질문을 던지는 것은 매우 중요합니다. 스스로 묻고 답하는 책 읽기는 우리의 지적 호기심을 채워주고, 비판적인 사고를 키워주며, 새로운 아이디어를 떠올리게 합니다.

이를 더 극대화할 수 있는 것이 함께 읽기, 즉 북클럽에서 읽기입니다. 혼자 읽기 과정에서 자신이 탄생시킨 생각과 비판적인 생각들, 아이디어들은 치열하게 점검하고 검증하는 과정이 필요합니다. 그렇지 않으면 혼자만의 세계에 갇힐 수 있습니다. 그래서 공론의 장에서 함께 읽고, 생각을 나누고, 토론해야 합니다. 자신의 사유의 과정을 드러내고, 타인의 사유와 비교하면서 자기 생각의 방향과 비판적 사유, 창조된 아이디어가 어떤 공감과 비판을 가져오는지 점검할 수 있습니다. 이 과정에서 더 넓은 세계로 나아갈 수 있습니다.

이때 질문하기 전에 먼저 해야 하는 것이 있습니다. 바로 책의 내용을 정확하게 읽어내는 것, 즉 정확한 '독해'입니다. 단순 읽기에서 벗어나 고차원적인 글의 독해가 필요합니다. 텍스트의 핵심을 파악하고 정보를 정리해서 말이나 글로 표현할 수 있어야 합니다. 이것은 2장에서 말한 '요약하기'를 통해 연습하면 정교하게 정리하고 요약하는 힘을 기를 수 있습니다. '정확한 독해'가 되어야 질문에 대해 합리적이고 논리적인 대답이 가능하고, '비판적 평가', '창조적 상상'과 '공감'도 가능합니다. 잘못된 사실과 이해에 기반한 질문과 대답은 잘못된 결과를 가져옵니다.

그렇다면 어떤 질문부터 해야 할까요? 질문 만들기가 어렵다면 다음 질문의 형식을 참고해 보세요.

사실 질문

'사실 질문'이란, 책 속에서 드러난 사실과 의견을 찾을 수 있는 질문입니다. 정답이 분명히 있는 질문이라고 할 수 있죠. 예를 들어, 이솝우화의 《개미와 베짱이》*라는 이야기에서 '등장인물은 누구인가요?', '개미는 여름 내내 무엇을 했나요?', '베짱이는 여름 내내 무엇

◆ 《개미와 베짱이》 이솝우화, 이솝 저

188

을 했을까요?' 같은 질문들입니다.

이런 사실 질문들을 통해 텍스트의 내용을 제대로 읽었는지 확인할 수 있습니다. 사실 질문을 던지면서 내용을 더 잘 기억할 수 있고, 다음 단계로 생각을 확장시킬 수 있습니다. 만약 사실 내용이 제대로 이해되지 않았다면 다음의 판단도 잘못될 수밖에 없습니다.

해석 질문

'해석 질문'이란 텍스트를 바탕으로 해서 '왜', '어째서'처럼 원인과 결과에 대해 근거를 가지고 숨은 의미, 맥락을 다양하게 추리하고 해석해볼 수 있는 질문입니다. 행간의 의미를 찾으면서 분석력과 해석력이 커질 수 있는 질문입니다. 예를 들어, '베짱이는 왜 여름 내내 노래만 했을까요?', '개미는 여름 내내 일하면서 어떤 생각을 하고 있었을까요?', '개미는 겨울에 베짱이가 먹을 것을 달라고 왔을 때 어떤 생각을 들었던 걸까요?'와 같은 질문들입니다.

이런 해석 질문들은 어떤 해석도 수용할 수 있지만, 그 해석이 수용될만한 합리적인 근거를 요구합니다. 책에서 근거를 찾아도 좋고, 자신의 경험이나 전문가의 의견, 인증된 정보 등으로 자기 생각의견. 주장. 해석을 충분히 뒷받침해야 합니다.

판단 질문

'판단 질문'이란 자신의 가치관이나 신념에 따라 옳음과 타당성을 판단할 수 있게 하는 질문입니다. 이런 질문을 함께 나누는 사람들이 어떤 가치관이나 신념을 가지고 있는지 잘 드러나는 질문입니다. 예를 들어, '베짱이가 여름 내내 노래만 한 것은 옳았을까?', '개미가 여름 내내 일만 한 것은 잘한 일일까?', '개미가 겨울에 먹을 것을 나눠 달라고 한 베짱이의 부탁을 거절한 것은 당연할까?', '개미와 베짱이는 어떤 사람을 빗대고 있을까?'와 같은 질문입니다.

판단 질문은 토론의 과정에서 의심이 들 때 판단을 유보하고 주장을 정확히 하기 위해 자신의 신념과 가치관의 옳음을 다시 한번 고민하게 합니다. 또한 자신의 신념을 다시 점검하게 하면서 신념과 가치관을 재조정하게 합니다.

심화 질문

생각을 더 깊게 하고 싶다면 나와 세상과 연결된 심화된 질문을 해 보세요. 나는 세상의 주인공으로 살아야 합니다. 그리고 나는 세상과 연결됨으로써 존재가 드러납니다. 그래서 책을 읽고 세상과 연결해 보는 질문이 필요합니다. 예를 들어, '나라면 베짱이가 도움을 요청했을 때 어떻게 했을까?', '국가에서 베짱이를 도울 수 있는 방법은 없을까?', '국가가 베짱이를 도와야 할까? 이런 우화는 무엇을 유비하고 있을까?'와 같은 질문입니다.

이런 심화 질문은 사고의 발산과 상상력, 다양한 분야의 지식을 요구하는 질문입니다. 이런 질문을 통해 나의 상황과 사회, 세계의 문제를 연결시키고 공감하게 됩니다. 질문들을 하나씩 나누면서 자유롭게 토의하고 토론합니다.

북클럽 질문의 형식

○ **사실 질문** : 책 속에서 드러난 사실과 의견을 찾을 수 있는 질문

○ **해석 질문** : 원인과 결과에 대해 근거를 가지고 숨은 의미, 맥락을 다양하게 추리하고 해석해볼 수 있는 질문

○ **판단 질문** : 자신의 가치관이나 신념에 따라 옳음과 타당성을 판단할 수 있게 하는 질문

○ **심화 질문** : 책의 내용과 세상을 연결지어 보는 질문

글쓰기

북클럽에서 함께 읽고 필사하고, 질문을 나누며 함께 말했다면 글쓰기로 정리합니다. 책에 대해 많은 이야기를 나누었는데 꼭 글로 써야만 하는지 궁금해하는 분들도 많습니다. 글로 쓰다보면 토론할 때의 생각들이 정리되고 그 생각들에서 의미를 찾으면서 자신의 관점과 가치관 등을 점검하게 됩니다. 그 과정에서 기존의 관점과 가치관을 재조정하거나 새롭게 사고를 확장하게 됩니다.

한 단락 쓰기

가장 간단한 글쓰기의 방법은 한 단락 쓰기입니다. 책과 관련된 가장 인상적인 질문 하나에 대해 스스로 자신의 생각을 정리해보는 것으로 시작해도 좋습니다. 《개미와 베짱이》를 읽고 다양한 이야기를 나누었다면 그중 '어떤 삶이 좋은 삶일까?'에 대한 자기 생각을 정리

하는 글만 적어도 좋습니다.

글을 쓸 때는 자신의 생각(주장, Point)과 그런 생각이 든 이유(Reason), 자신의 생각과 이유를 뒷받침해 줄 수 있는 다양한 예시와 사례, 비유(예사비, Example)를 들어 증명하고, 다시 생각을 정리해서 마무리(Point)해준다면 나만의 관점과 가치관이 드러난 설득력 있는 글쓰기가 됩니다. 즉, 자신이 이야기하고 싶은 것을 쓰고 그것에 대한 자신의 해석을 PREP프렙이나 PEAL필 공식에 따라 정리하면 자기 생각을 촘촘하게 정리하는 한 단락을 쓸 수 있습니다.

글을 쓰는 것은 결국 타인에게 자기 생각을 전달하려는 의도적인 행위입니다. 그래서 글을 쓸 때는 자신의 입장에서가 아니라 글을 읽을 사람의 입장에서 얼마나 쉽게 읽히는지가 중요합니다. 자기 입장에서만 글을 쓰는 것이 아니라 타인이 읽었을 때 동의할 수 있을까를 생각하면서 글을 쓰다 보면 자신의 관점과 가치관의 타당성과 정당성, 합리성에 대해 더 깊게 생각하게 되면서 자기의 사고를 저절로 점검하게 됩니다. 그러므로 글을 쓴다는 것은 결국 나의 내면을 점검하고 스스로 성장하는 가장 좋은 방법이기도 합니다.

서론 – 본론 – 결론 구조로 쓰기

조금 더 완성된 글을 쓰려면, 서론-본론-결론의 형식을 갖춰주면 더 좋습니다. 서론에서 책에 대한 이야기나 앞으로 쓰려는 간략한 내용을 소개하여 주목을 끌고, 본론에서 자신의 문제 의식(뭐가 문제지? 왜 이런 일이 생기는 걸까? 왜 이 이야기가 거슬릴까? 등)과 함께 나누었던 질문 중 핵심적인 질문 몇 개를 던지면서 질문에 대한 내 생각을 진솔하게 적습니다. 마지막으로 결론에서 서론과 본론의 내용을 정리하고 글을 쓰는 과정에서 얻게 된 영감이나 새로운 의문점으로 마무리합니다.

이렇게 쓴 글은 같은 책을 읽은 북클럽 구성원들과 함께 공유하는 것이 좋습니다. 쓴 글을 공유하면 함께 책을 읽었지만 그 책 속에서 생각하게 된 것들이 서로에게 어떻게 작용했고, 어떤 의미가 만들어졌는지, 어떤 새로운 생각이 탄생했는지 확인할 수 있습니다. 이것이 북클럽의 또 다른 매력입니다.

북클럽 글쓰기의 형식

○ 한 단락 쓰기 : 자신이 이야기하고 싶은 것을 쓰고, 그것에 대한 자신의 해석을 PREP이나 PEAL 공식에 따라 정리하여 쓰기
○ 서론-본론-결론 구조로 쓰기 : 간략한 내용으로 주목을 끌고(서론), 자신의 문제 의식을 중심으로 질문을 던지고 답한 다음(본론), 서론과 본론의 내용을 정리하고 새로운 영감이나 의문점으로 마무리(결론)

1단계 : 북클럽 걸음마

인사하기 → 감상 나누고 내용 확인하기 → 질문하고 토론하기 → 글쓰기

2단계 : 북클럽 성큼성큼
분석하기 & 연결하기

어느 정도 북클럽을 진행하다 보면 좀 더 다양한 방법을 시도하게 됩니다. 주어진 시간을 잘 활용하고, 내용 확인을 좀 더 효율적으로 할 수 있고, 더 깊은 공부가 되었으면 하는 바람도 생깁니다. 그렇다면 북클럽 2단계를 활용해보세요. 이 단계에서는 서로 역할을 분담해서 준비하는 것이 좋습니다. 예를 들면 진행, 내용 요약, 간식 준비, 토론하고 싶은 주제 발제하기 등의 역할을 나누어 맡는 것입니다. 유머 담당자도 있으면 북클럽에 활기를 가져다줄 수 있습니다.

인사하기

그날의 진행자는 미리 모임 장소에 와서 함께 책을 읽는 데 불편하지 않도록 환경을 점검합니다. 구성원이 모두 모이면 인사를 나누고 진행자가 북클럽의 시작을 알린 다음, 책 내용을 소개하며 모임을 진행합니다.

요약한 내용 발표하기

읽기로 약속한 분량의 내용을 미리 요약합니다. 요약한 내용은 구성원들에게 공유합니다. 요약이란 단지 짧게 내용을 줄이는 축약과는 달리 이야기나 정보의 요점을 파악하여 중요하지 않은 부분들은 삭제하고 중요한 것들만을 재배열해서 정리하는 것을 말합니다. 그러기 위해서는 저자의 의도를 잘 파악하고주제, 주제에 맞게 내용을 논리적으로 재구성해야 합니다.

문학이라면 주상행동방결 공식에 따라 이야기 중심으로 내용을 요약하는 것도 좋은 방법입니다.118쪽 참조

TIP

주상행동방결 공식
❶ 주 : 주인공은 누구이고 어떤 특징이 있나?
❷ 상 : 주인공에게 어떤 상황이 생겼나?
❸ 행 : 주인공은 그 상황에서 어떻게 행동했나?
❹ 동 : 주인공이 그런 행동을 한 동기는 무엇인가?
❺ 방 : 주인공의 행동을 방해하는 요인은 무엇인가?
❻ 결 : 이야기의 결말은 어떻게 되었나?

지식 정보책_{비문학}이라면 목차를 보며 핵심 지식을 마인드맵이나 표로 구조화시켜서 요약할 수 있습니다.

요약을 잘하게 되면 평소의 언어 습관에도 변화가 생깁니다. 자신의 의견을 논리적으로 말할 수 있게 되고, 다른 사람의 의견을 들을 때도 핵심을 파악하며 듣는 힘이 생깁니다.

요약 발표 시간에는 그날의 요약자가 리더가 되어 진행합니다. 읽은 책과 관련된 이야기로 가볍게 시작하고, 요약자가 준비한 요약 내용을 발표한 다음(만약을 대비해 두 명을 정해도 좋습니다.) 내용에 관해 구성원들과 의견을 나눕니다. 요약 내용에 빠진 부분, 내용의 오류에 대한 내용 등 구성원들의 생각을 자유롭게 나누세요. 처음 요약을 할 때 두려워하지 않아도 되는 이유가 여기에 있습니다. 집단지성의 힘은 위대합니다. 함께 이야기를 나누면서 서로 자신이 저자의 의도를 제대로 파악했는지, 그 의도에 따라 책의 흐름을 잘 잡아가면서 읽었는지를 알게 됩니다.

발제하기

발제가 무엇일까요? 처음에는 발제하는 것이 어렵게 생각될 수 있습니다. 발제란 쉽게 말하면 질문하는 것입니다. 처음 북클럽을 시작할 때는 자유롭게 떠오르는 대로 질문을 해도 좋습니다. 그리고 자유롭게 토론하고 소통하는 것이 좋습니다. 하지만 북클럽의 경력이 쌓여갈수록 더 심화된 질문과 토론을 기대하게 됩니다. 그때 발제를 미리 준비하는 것이 좋습니다. 한 명이 내용을 요약해 온다면, 나머지 구성원들은 발제를 준비하는 것이 좋습니다.

발제란 읽은 내용에서 자신이 생각하는 의문을 가지고 문제를 제기하고 스스로 대답하는 것입니다. 팀 구성원들과 함께 고민하고 싶은 문제를 만들고, 왜 그것이 '문제'라고 생각하는지, 그것에 대해 나는 어떤 생각을 하고 있는지, 왜 그러한지 맥락을 밝히고 고민을 적어보는 것입니다. 정리하면 발제문이란 질문을 던지는 글이며, 그 질문에 대해 함께 토론하고 싶다는 것입니다.

발제의 과정은 통찰력과 합리적이고 논리적인 분석 능력을 키워줍니다. 북클럽의 걸음마 단계에서 가볍게 질문을 던지고 토의하고 토론했다면, 발제는 질문을 고민하고 자신의 생각을 정리하여 구성원들과 심도 있게 그 주제에 대해 토론하고 싶을 때 좋은 방법입니다. 발제를 준비하면서 책을 다양한 관점으로 분석하게 되면서 관점의 전환이 이루어지기도 하고, 자신의 사고 과정에 대한 점검이 이루어지기도 합니다. 발제를 나누는 과정에서 논리적으로 자기 주장을 펼치고, 구성원의 주장을 들으면서 자신의 관점이나 가치관과 비교하며 옳고 그름을 따져보면 비판적 사고력과 자신을 객관화시키고 통찰할 수 있는 메타인지 역량이 커집니다. 구성원들이 모두 발제문을 작성하는 것이 힘들다면 한두 명 정도 발제자를 정하는 것도 좋습니다. 산만하고 가벼운 이야기 나누기에서 심도 있고 풍성한 이야기를 나눌 수 있는 단계로 나아가는 계단이 됩니다.

《82년생 김지영》*을 읽고 중3 클럽러가 작성한 발제문

○ **내용 요약**

이 책은 우라나라 사회에서 여성이 살아가며 겪는 어려움을 보여주는 책이다. 주인공 김지영은 전형적인 한국 여자의 모습을 보여준다. 어느모로 보나 평범한 김지영 씨는 사람들이 무심코 뱉는 말과 행동에서 여성에 대한 차별을 느낀다. 어렸을 때는 남동생이 당연하게 먹었던 분유도 먹지 못했고, 학교에서도 모든 일은 앞번호인 남학생에게 우선 기회가 주어졌다. −이하 생략−

발제 1 : 지금 대한민국 사회에서 여자가 이런 식으로 차별받고 있을까?

책에 따르면 대한민국 사회에서 여성들은 사회생활을 하거나 많은 부분에서 남성에 비해서 큰 불이익을 받는 것처럼 비친다. 물론 과거에는 그런 경우가 많이 있었다. 하지만 지금은 오히려 나는 남자에 대한 역차별이 심하다고 생각한다.

먼저 오직 여성들을 위한 공공기관과 시설들이 생기고 있다. 예를 들어, 여성 안심 택배 보관소, 여성 전용 주차 공간 등이 그 예이다. 이러한 시설은 남자들의 폭력이나 범죄로부터 여성들의 안전과 권리가 침해받는 것을 막기 위해 꼭 필요하다고 주장한다. 그런데 남성으로 인해 범죄가 발생했다면 그것이 남자의 탓이고 여자만을 위한 시설이 만들어질 이유가 될까? 오히려 어느 성 하나를 위한 시설이 아닌, 나라 전체의 치안을 위해서 노력해야 되는 것 아닐까?

그리고 성폭행에 대한 시선 또한 남자가 저질렀을 때와 여자가 저질렀을 때 다르다. 만약 남자가 여자에게 성폭행 당하면 '그럴 수도 있지', '여자가 남자에게 무슨 성폭행이야', '어디 부족한거 아냐?' 하는 식의 반응을 한다. 물론 남자가 여자에게 저지르는 성폭행의 횟수가 더 많고, 더 많이 알려져 있다. 하지

◆ 《82년생 김지영》 조남주 저, 민음사, 2016

만 그렇다고 모든 남자를 잠정적인 성폭행범으로 몰아버려도 될까? 나는 트위터에서 한 남자가 '나는 잠재적 가해자입니다.'라는 캠페인을 하는 것을 보았다. 이 캠페인의 내용은 남자가 여자에게 성폭행과 성추행을 많이 저질렀으니 남자는 모두 성폭행의 잠재적 가해자이고 이런 일을 예방하기 위해 남자들이 노력해야 한다는 것이었다. 과연 이게 말이 되는 소리일까? 어째서 한 명의 비정상적인 남자가 저지른 일에 대해 모든 남자가 책임을 져야 하는 것일까? 내 눈에는 이런 캠페인이 여자의 관심을 한 번이라도 받아보기 위해서 발버둥치는 모습으로밖에 안 보인다.

또한 직장생활에서 남성도 많은 차별을 겪고 있다고 한다. 예를 들어, 정수기의 생수병을 교체하는 일처럼 힘쓰는 일은 남자가 하는 것을 당연시하고 있다. 그리고 남자는 나라를 위해 자신의 2년이라는 시간을 군대에 내주어야 한다. 어떤 사람들은 군대가 현실에서의 도피처가 될 수 있고, 잠자리, 밥, 음식, 월급까지 나오니 남자들에게 유리한 시설이라고 주장한다. 또 집단생활을 통해 삶의 지혜를 배우니 사회생활을 더 잘 할 수 있게 된다고 하고, 군대에 다녀와야 철이 든다는 이야기까지도 한다. 하지만 군대에서의 생활은 강제적이고 강압적이다. 나라를 지키는 일이라는 긍지와 보람을 느끼는 일일 수도 있지만, 이것이 단지 남자라는 이유로 내 청춘을 2년 동안 바칠 이유이자 동기가 될 수 있을까? 만약 그렇게 주장하는 여성들은 왜 군대를 가지 않고 굳이 힘든 사회에서 고생하는 것일까?

이러한 여러 가지 이유로 나는 대한민국이 여성을 차별하고 있는 사회라는 주장은 옳지 않다고 생각하고, 남자들 또한 많은 차별을 받고 있다고 생각한다. 여성, 남성의 구분에서 벗어나 서로 이해하고 공감하는 태도가 필요하다고 생각한다. 서로를 혐오하고 남자의 문제, 여자의 문제로 치부할 것이 아니라 인간의 문제로 바라보고 정의로운 판단을 하고 선택을 해야 한다.

-이하 생략-

《밝은 밤》*을 읽고 북클럽러가 작성한 발제문

○내용 요약
나는 희령을 여름 냄새로 기억한다. 사찰에서 나던 향냄새, 계곡의 이끼 냄새와 물 냄새, 숲 냄새, 항구를 걸어가면 맡았던 바다 냄새, 비가 내리던 날 공기 중에 퍼지던 먼지 냄새와 시장 골목에서 나던 과일이 썩어가는 냄새, 소나기가 지나간 뒤 한의원에서 약을 달이던 냄새… 내게 희령은 언제나 여름으로 기억되는 도시였다.(본문의 시작 페이지)

밝은 밤의 배경은 희령이다. 첫 문단의 묘사만 보더라도 희령은 참 복합적이고 미묘한 감정들이 오가는 곳임을 알 수 있다. 설렘이 있고, 상처가 있고, 아픔이 있고 또 치유가 있는 곳이다. 제목이 밝은 밤인 것처럼. 더군다나 여름이라니. - 이하 생략-

발제 1 : 아버지가 일찍 죽고 세비 아주머니 홀로 키운 희자와 어머니, 아버지 품에서 자란 정옥. 이들의 삶이 달라진 이유는 무엇일까?
희자의 어머니 세비는 사람들의 마음을 잘 살피는 사람이다. 그러니 딸의 마음도 잘 보듬어 주었을 것이다. 영옥의 어머니 삼천은 백정 딸이라고 멸시받지만 당당하고 강인한 사람이다. 아이를 낳고 힘들어하는 세비에게 살아야 할 이유를 편지로 써 줄 정도로 현명하고 판단력이 있는 사람이다.

나는 영옥과 희자의 삶이 달라진 것은 아버지들의 영향이라고 생각한다.

먼저 희자의 아버지 세비 아저씨는 따뜻하고 다정한 사람이다. 영옥의 기억 속의 희자 아버지는 세비 아주머니를 바라보던 따뜻한 눈빛과 말투, 영옥이를 부르던 부드러운 목소리, 나중에 해를 바라보면 아저씨가 생각날 것이라고 한다. 그런 아버지 밑에서 자란 희자는 어렵고 두려운 길이라도 도전해 볼 용기가 있는 사람이 되었을 것이다. 그래서 독일로 가서 암호학자도 될 수 있었을

◆《밝은 밤》최은영 저, 문학동네, 2021

것이다.

반면 영옥의 아버지는 백정 딸과 결혼하면서 가족에게 내쫓기고 그들을 그리워하면서 산다. 자기 아내가 감사하게 생각하지 않음에 불만이 많다. 또 강인하고 당당한 아내에게 가장의 권위를 빼앗길까 두려워하는 사람이며, 자신만을 아끼는 사람이다. 피난길에서도 그는 좋은 잠자리에서 본인이 자고, 크고 좋은 음식은 자기 입으로 들어간다. 딸의 변변치 않은 옷을 보고도 자기 옷을 벗어줄 줄 모르고, 음식 앞에서 자신의 식욕만 중요한 사람인 것이다.

그런 아버지에게 영옥은 인정받고 싶어 했다. 남선의 청혼에 아버지는 허락을 하고 어머니는 반대한다. 영옥도 남선과 결혼이 내키지 않았지만 영옥은 아버지에게 인정받기 위해 남선과 결혼을 하기로 결정한다. 아버지가 남선이 중혼임을 알면서도 딸의 결혼을 허락했던 아버지는 남선이 원래 가족에게 돌아갔다는 소식을 듣자 영옥에게 남자 마음을 잡지 못해서 빼앗겼다고 일장 연설을 한다.

영옥은 자신을 사랑하지 않은 아버지에게 인정받고 싶어 본인이 하고 싶지 않은 일도 했지만. 되돌아오는 것은 아버지의 독설뿐이었다. 영옥이 새로운 도전을 할 용기를 내지 못한 이유라고 생각한다. 그런 아버지에게 죽어버렸으면 좋겠다고 할 때 드디어 아버지 그늘에서 벗어날 절호의 기회였는데, 아버지는 그런 기회도 주지 않고 죽어버렸다. 끝까지 이기적인 아버지. 영옥은 어찌해야 할까. 어쩌겠는가! 스스로 뚜벅뚜벅 걸어가야지.

-이하 생략-

발제는 질문을 고민하고 자신의 생각을 정리하여 구성원들과 심도 있게 그 주제에 대해 토론하고 싶을 때 좋은 방법이다.

토론하기

발제한 내용을 들으면 생각이 많아집니다. 구성원들은 발제자의 글에 대해 자유롭게 말하고 의문을 제기하는 다양한 질문을 하면 됩니다. 대신 말할 때는 다른 사람에게 생각을 잘 전달할 수 있도록 말하는 것이 중요합니다.

먼저 잘 말하기 위해서는 잘 듣는 것이 중요합니다. 들어야만 대답할 수 있기 때문이죠. 말할 때는 PREP나 PEAL 공식을 생각하면 입을 열기가 쉽습니다. P(Point) 의견, 주장 – R(Reason) 이유 – E(Example) 예시, 사례, 비유 등 – P(Point) 주장 정리의 단계를 밟아 말하거나 P(Point) 의견, 주장 – E(Evidence) 단서 – A(Analysis) 유추, 분석 – L(Link) 연결, 새로운 제안 정리 방식으로 생각을 말하면 됩니다.

각각의 구성원들이 발제한 내용을 발표하면 자유롭게 토론을 시작하세요. 다섯 명의 구성원이 각각 발제를 하나씩 준비해왔다면 토론 거리는 다섯 개가 생긴 것입니다. 발제 안에는 각자 제시한 주제에 대한 자기 생각과 경험이 고스란히 들어 있을 것입니다. 나의 발제문은 나의 세계와 같습니다. 나의 세계에 대해 다른 구성원들은 발제자의 어떤 것에 공감하는지, 공감하기 어려운지, 또는 궁금한 것이 있는지를 PREP의 방법으로 대답하고 질문합니다. 이것은 바로 북클럽 안의 작은 세미나입니다.

정리하는 글쓰기

　글은 쓰기 어렵습니다. 하지만 쓰지 않으면 결국 아무것도 쓸 수 없습니다. 아무리 많은 책을 읽고 많은 말을 하고 머릿속에 생각이 가득 담겨 있다고 해도 스스로 글을 쓰지 않으면 잘 쓸 수 없습니다. 글은 고통을 이겨내고 쓰지 않으면 늘지 않습니다.

　글을 쓸 때 가장 고통스러운 점은 '무엇에 대해 써야 하지?'에 대한 고민일 것입니다. 하지만 북클럽에서 책에 대해 자유롭게 맘껏 말하는 시간을 가졌다면 이런 고민은 더 이상 필요 없습니다.

　북클럽 글쓰기의 가장 쉬운 방법은 후기를 쓴다고 생각하고 쓰는 것입니다. 먼저 1문단에서는 북클럽에서 함께 읽은 책을 소개하고, 2문단에서는 그 책 속에서 자신이 궁금해서 던진 질문, 발제를 소개하고 그것에 대한 자신의 생각을 정리합니다. 3문단에는 북클럽에서 자신의 발제에 대해 구성원들과 나누었던 구성원들의 공감들, 반박들, 의문점들을 차례로 펼쳐주면 됩니다. 4문단은 구성원들의 공감과 반박, 의문점에 대한 나의 재반박 및 대답을 적어봅니다. 마지막으로 5문단에는 전체적인 정리를 해주면 됩니다. 배움과 논제에 대한 나름의 해결 방법이나 대안, 그리고 새롭게 떠오른 의문점을 쓰면서 마무리합니다.

　글을 쓰는 것은 그 시간을 다시 반추하는 일입니다. 자신의 시간을 상기하며 생생하게 그 시간을 되살려내면 됩니다. 발제와 토론의 과정에서 가졌던 궁금증과 대답들, 나눴던 생각들에 의미를 부여하고 개념을 정리하고 자신만의 생각으로 탄생시키는 과정입니다. 물론 쉽지는 않지만 이런 고통의 글쓰기 시간이 우리를 성장시킵니다.

 정리하는 글쓰기 방법

- 1문단 : 북클럽에서 함께 읽은 책 소개하기
- 2문단 : 발제와 그에 대한 자신의 생각 정리하기
- 3문단 : 자신의 발제에 대한 구성원들의 의견 정리하기
- 4문단 : 구성원들의 의견에 대한 나의 의견 정리하기
- 5문단 : 논제에 대한 해결 방법이나 대안, 새로운 의문점 등 정리하기

2단계 : 북클럽 성큼성큼

인사하기 → 요약한 내용 발표하기 → 발제하기 → 토론하기 → 정리하는 글쓰기

3단계 : 북클럽 느릿느릿
관조하기

인사하기

구성원이 모두 모이면 인사를 나눕니다. 만약 이번 모임이 지난번과 연결된다면(책을 나누어서 읽고 있다면) 모임 진행자는 지난 모임에서 나누었던 내용들을 정리한 글을 먼저 읽어 주고 모임을 시작합니다. 지난 시간과 이번 시간과의 맥락을 이어주고 논의가 중복되지 않도록 도와줍니다. 맥락이 이어져야 모임이 더 재미있어집니다.

통합 읽기와 발제하기

각자 자신의 발제문을 발표합니다. 북클럽 3단계에 이르렀다면 다양한 책 읽기의 방법을 시도하길 권합니다. 독서는 발견의 과정입니다. 스스로 발견하고 그 안에서 배움을 얻게 합니다. 그리고 함께 읽는 것은 그 배움을 촉진합니다.

이 단계에서는 통합 읽기를 할 수 있습니다. 통합적인 읽기 과정을 거치면 발제의 영역이 확장되고, 더 깊은 토론을 나눌 수 있습니다.

통합 읽기란

'통합 읽기'란 두 권 이상의 책을 비교하며 읽는 것을 말합니다. 주제 읽기나 작가 읽기, 연결하여 읽기의 경우가 있습니다. 같은 주제에 대한 두 권 이상의 책들을 선정해서 읽거나, 같은 작가의 책을 연결해서 읽거나, 주제를 확장하는 책들을 연결해서 읽는 고차적 독서 방법입니다.

예를 들어, 사랑에 대한 주제를 가지고 책을 읽는다면 사랑 이야기를 다룬 문학과 사랑의 작용에 대해 과학적으로 설명하는 비문학 책을 함께 읽으면서 우리가 생각하는 사랑에 대한 개념, 정의, 대상 등 다양한 영역으로 생각을 확장시킬 수 있습니다.

또 한 작가의 작품들을 연결해서 읽으면서 그 작가가 살아온 시대와 삶이 작가가 세상을 읽는 시선에 어떤 영향을 주었는지, 어떻게 변화시켰는지를 통찰할 수 있습니다. '작가와 책, 삶이 일치할 수 있는가? 작가의 삶에 동의하는가? 공감하는가? 만약 나라면 어땠을까?'와 같은 질문을 통해 깊은 성찰과 통찰력을 얻을 수 있습니다.

통합 읽기를 할 때는 주제와 질문을 명확히 하려는 의도적인 노력
이 필요합니다. 그래야 책에서 그 주제에 대해 작가가 어떻게 말하고
있는지 쟁점이 무엇인지를 규정할 수 있습니다.

첫째, 훑어보기

먼저 책을 훑어보며 함께 읽기 위한 주제에 맞는 책을 선정합니다.
대상이 되는 책을 가볍게 훑어보며 무엇에 관해 쓴 책인지, 책의 구
성은 어떻게 되어 있는지, 어떤 부분들로 이루어져 있는지, 어떤 종류
의 책인지를 파악합니다. 훑어보기는 책이 주제에 대해 어떻게 다루
고 있는지를 알고, 많은 책 중에서 원하는 책인지 파악해 필요한 도
서 목록을 정할 때 유용합니다. 즉, 주제를 정해 통합적으로 읽을 책
을 선정하는 단계입니다.

둘째, 5단계를 거치며 분석하며 읽기

❶ 1단계_ 구체적 근거 찾기 : 선정한 책들을 읽으면서 구체적으로 책
   의 어떤 부분에서 주제에 대해 어떻게 말하고 있는지, 어떤 관점
   을 가졌는지 찾습니다. 독자가 주제에 대해 구체적으로 판단할
   근거를 찾는 것입니다.

❷ 2단계_ 독자의 언어로 정의하기 : 각각의 책에서 저자가 사용한 어휘
   를 어떤 의도로 어떻게 쓰고 있는지 찾습니다. 같은 어휘지만 저
   자들이 책마다 똑같은 의미로 사용하고 있는지를 파악해 독자

의 언어로 재정의해 봅니다. 즉, 같은 주제를 가진 책을 나의 관점으로 정리하고 해석해 각 책을 독자의 관점에서 바라볼 수 있게 됩니다.

❸ 3단계_ 자신의 관점에서 질문하기 : 자신의 관점에서 저자들의 주장, 생각들에 질문을 던지는 것입니다. 그리고 그 질문들에 대해 각 책의 저자들은 어떻게 대답하고 있는지 찾아봅니다. 또는 저자의 관점을 가졌다면 어떻게 대답할 것이라고 생각하는지 추론해봅니다. 같은 주제에 대해 말하고 있지만 저자들은 서로 다르게 대답하고 있는 경우도 많습니다. 이것이 바로 쟁점입니다.

❹ 4단계_ 쟁점 드러내기 : 쟁점을 분명하게 드러나게 합니다. 독자들은 왜 그런 쟁점들이 발생하는지, 각각의 쟁점은 어떤 차이가 있는지 주제에 대한 쟁점을 명확하게 정리합니다. 즉 무엇이 쟁점인지를 확실히 하는 것입니다.

❺ 5단계_ 쟁점 조사하고 분석하기 : 쟁점들에 대해 조사하고 분석합니다. 저자들의 관점과 쟁점들을 논하기 위해서는 독자의 정확한 지식이 필요합니다. 독자는 저자들의 주장과 그 관점들의 객관성과 진실성을 밝히기 위해서 책 내용의 어떤 점이 옳고 그른지 지적할 수 있어야 합니다. 그래서 독자는 주제와 쟁점에 관련된 다양한 자료를 조사해야 합니다. 그래야만 독자는 저자들의 주장과 쟁점들에 타당하고 합리적인 분석을 담은 비평을 할 수 있습니다.

셋째, 분석한 내용을 바탕으로 발제문 작성하기

통합하여 읽은 책들의 공통점이나 차이점을 비교하는 과정에서 발견한 것들에 대해 질문하고 자기 생각을 풀어냅니다. 저자가 잘 알지 못하고 있거나 잘못 알고 있는 부분들, 비논리적인 부분들, 책들이 주는 의미, 나에게 미친 영향 등 어떤 내용이든지 나의 발제가 될 수 있습니다.

📚 정리하는 글쓰기 방법

○ 1문단 : 북클럽에서 함께 읽은 책 소개하기

○ 2문단 : 발제와 그에 대한 자신의 생각 정리하기

○ 3문단 : 자신의 발제에 대한 구성원들의 의견 정리하기

○ 4문단 : 구성원들의 의견에 대한 나의 의견 정리하기

○ 5문단 : 논제에 대한 해결 방법이나 대안, 새로운 의문점 등 정리하기

토론하기

통합적으로 읽기의 과정에서 발제한 내용이나 쟁점이 되는 부분들을 가지고 북클럽의 구성원들끼리 다양한 토론을 할 수 있습니다. 토론은 비판적이고 창의적으로 생각하는 고차적 사고력을 향상시킬 수 있는 좋은 방식입니다. 토론의 방식은 자유 토론과 형식 토론아카데미식 토론, 교육 토론, 두 가지로 나눌 수 있습니다. 139쪽 참조

자유 토론

'자유 토론'은 형식이나 절차, 발언 시간이 정해져 있지 않고 논제에 대해 자유롭게 발언하는 토론입니다. 편하게 자신의 주장과 이유, 근거를 말할 수 있는 장점이 있지만, 한 발언자만 발언을 계속하거나 발언 중에 일방적으로 끼어들거나 상대방의 말은 듣지 않고 자기하고 싶은 말만 하는 경우가 종종 발생합니다. 이런 경우 그날의 리더가 사회자가 되어 모두 토론에 참여할 수 있도록 적절히 유도하고, 쟁점을 정리하고, 시간을 배분하는 등 원활하게 진행되도록 돕는 것이 좋습니다.

형식 토론

'형식 토론'은 토론의 절차, 발언 시간, 발언 순서 등이 엄격하게 정해져 있어 토론자 누구에게나 자신의 의견을 제시하고 상대방의 의견을 반박할 수 있는 기회가 공평하게 주어지는 토론입니다. 정해진 논제에 대해 찬성과 반대의 입장에서 주어진 시간 안에 논리적으로 자신의 주장을 펼치고, 상대 주장을 반박하며, 의견을 합리적으로 교환하고, 유연한 태도로 설득하며, 문제해결 방안을 찾아가도록 형식이 설계되어 있습니다.

형식 토론은 논리적이고 합리적인 사고 능력과 비판 능력, 문제해결 능력을 교육하는 데 주목적이 있어 학교에서 많이 쓰이는 토론의 방식입니다. 주로 입안과 반박, 재반박, 마지막 발언의 순서로 진행되며 중간중간 상대 팀의 주장에 대한 질문이나 우리 팀끼리 의견을 나누는 작전 시간이 주어집니다. 다양한 형식이 있으며, 필요한 유형을 선택해서 토론하면 됩니다.

에세이 쓰기에서
학술적인 글쓰기까지

글을 쓰는 것은 통합적으로 책을 읽고 구성원들과 토론하며 만들어지는 사고 과정의 결과를 명시적으로 정리하는 것입니다. 북클럽에서 발산된 나의 사고 과정을 수렴적으로 정리하고 내면화하기 위해서 꼭 필요한 과정입니다.

글을 쓸 때는 통합적인 읽기의 분석 과정이나 토론 과정, 또는 전체적인 과정에서 결론 내린 내 생각과 관점을 쓰면 좋습니다.

서론 – 본론 – 결론 구조로 쓰기

❶ 서론 : 주제를 선정하게 된 이유와 사정, 내가 인지한 문제 등을 씁니다.

❷ 본론 : 주제에 관한 다양한 주장과 관점들을 소개합니다. 나는 그것들을 어떻게 정의하는지, 어떤 질문이 생겼는지, 그 질문들에 대해 우리가 읽은 책의 저자들은 어떻게 대답하고 있는지, 그 대답들에서 어떤 쟁점들이 드러나는지를 정리합니다. 그리고 그 쟁점들에 대한 나의 조사와 분석의 과정, 내가 내린 결론을 씁

니다.

❹ 결론 : 앞의 서론과 본론의 내용을 요약 정리하면서 새로운 궁
금증, 더 탐구하고 싶은 것들, 예측해볼 만한 것들로 마무리합
니다.

이런 글쓰기는 논리적이고 합리적으로 자기 생각의 과정을 정리
한 에세이가 되기도 하고, 좀더 깊이를 더한다면 학술적인 글쓰기가
됩니다.

토론 내용 글로 쓰기

❶ 먼저 논제가 논란이 되는 배경을 설명합니다.

❷ 그리고 자신의 의견이나 주장을 이유나 근거를 들어 소개합니다.

❸ 다음에는 반대 의견이나 주장, 이유, 근거, 나의 주장을 반박한 내용을 소
개합니다.

❹ 이번에는 반대 의견의 주장이나 근거에 대한 나의 반박과 재반박을 합
니다.

❺ 전체적으로 의견을 정리하며 마무리합니다.

이런 글쓰기 과정은 어렵고 힘들게 느껴질 수 있지만 자기 생각을
정리하고 성장시키며, 변화하는 세상에서 항상 부딪힐 수밖에 없는
다양한 딜레마를 바라보는 옳은 시선을 끊임없이 고민하게 합니다.
글쓰기는 자기 내면을 바라보는 일입니다.

서양 역사책의 시발점은?
《역사》 vs.《펠로폰네소스 전쟁사》

나일강 하구에 '델타'라는 이름이 붙여진 곳을 아시죠? 나일강의 강 하구에 흙모래가 쌓여 이루어진 평지를 델타삼각주라고 부르고 있어요. 이 '델타'라는 이름을 붙여 준 사람이 누군 줄 아세요? 바로《역사》의 저자인 '헤르도토스'라고 합니다. 그리스 문자인 델타∆와 비슷해 보였기 때문이라고 합니다. 헤르도토스는 "이집트는 나일강의 선물이다."라는 말도 남겼답니다.

바로 이 사람,《역사》의 저자, 헤로도토스B.C. 484? ~ B.C.430?는 서구 지식인들에게 '역사의 아버지'라고 불리고 있습니다. 로마가 공화정에서 제정으로 넘어가던 시기에 정치가로 활동했던 키케로B.C.106~B.C.43는 헤로도토스가 B.C. 425년 무렵에 쓴《역사》를 최초의 역사서로 보았고, 그것이 서양 역사가들에게 받아들여졌던 것입니다. 하지만 모든 역사가가 키케로의 생각에 동의한 것은 아닙니다. 레오폴트 폰 랑케1795~1886는 헤로도토스가 아니라 투키디데스B.C.460~B.C.400를 '역사 서술의 창시자'로 지목했습니다. 랑케는 헤로도토스는 이야기를 만드는 능력이 뛰어난 사람일 뿐이며 '사실의 기록'이 중요한 역사에서는 투키디데스야말로 역사 서술의 창시자라고 말합니다. 그는《펠로폰네소스 전쟁사》에서 사실을 검증하고 해석하는 솜씨를 보여주었고, 그것에 바탕을 둔《펠로폰네소스 전쟁사》야 말로 서양 역사 서술의 시발점이라는 것입니다.

여러분은 어떻게 생각하세요? 서양 역사를 서술한 최초의 역사서를《역사》로 봐야 할까요?《펠로폰네소스 전쟁사》로 봐야 할까요?

《역사》는 소아시아 카리아 지방의 할리카르나소스 출신인 헤로도토스가 쓴 아홉 권짜리 편집본으로 페르시아가 그리스 세계를 정복하려고 벌였던 페르시아 전쟁의 역사를 서술한 책입니다. 그는 대부분의 구전 정보와 문학작품과 비석의 글 정도를 바탕으로 했으며, 자신이 직접 여행하고 탐문해서 얻은 정보와 다른 사람들의 이야기를 종합하여 책을 저술했습니다. 그리고《펠로폰네소스 전쟁사The History of the Peloponnesian War》는 투키디데스가 쓴 역사서로 전 8권으로 이루어져 있습니다. 스파르타와 아테네가 그리스를 양분하여 서로 싸운 펠로폰네소스 전쟁을 기술한 이 역사서는 기원전 411년까지의 사건만을 기록한 채 미완성 작품으로 전해집니다.

저는 여러 논란에도 불구하고 헤로도토스가 살았던 시대적 상황(제지 기술이 없고, 파피루스가 문자 기록을 남길 수 있는 유일한 수단이었던)을 고려해보았을 때 자신이 직접 여행하고 탐문해서 얻은 정보와 구전된 정보를 조합해 두 세계의 지리, 인종, 도시 민속에 대한 구체적인 보고서를 통해 당대의 역사를 쓴 책, 《역사》를 서양 역사를 서술한 최초의 역사서라고 생각합니다.

지금부터 첫째, 헤로도토스 《역사》 서술의 목적, 둘째, 객관적이고 공정함, 셋째, 사료의 적극 활용과 탐사라는 세 가지의 근거를 들어 헤로도토스의 《역사》가 서양 역사서의 시발점이라고 주장을 펼쳐보겠습니다.

첫째, 헤로도토스 《역사》 서술의 목적. 헤로도토스는 자신의 책 서문에서 '탐사 보고서'임을 분명히 밝히고 있습니다. 헤로도토스는 자신의 책 서문에서 "이 글은 할리카르나소스 출신 헤로도토스가 제출하는 탐사 보고서다. 그 목적은 인간들의 행적들이 시간이 지나면서 망각되고, 그리스인들과 비그리스인들의 위대하고도 놀라운 업적들이 사라지는 것을 막고, 무엇보다도 그리스인들과 비그리스인들이 서로 전쟁을 하게 된 원인을 밝히는 데 있다."고 말하고 있습니다.

그가 살았던 시대는 파피루스가 문자 기록을 남길 수 있는 거의 유일한 수단이었기 때문에 문헌 자료보다는 문학작품과 비석의 글 정도의 사료뿐이었습니다. 그래서 그는 직접 여행하고 탐문해서 얻은 정보와 구전된 이야기들을 조합해 《역사》를 썼던 것입니다. 지금과는 다른 어려운 환경에서 당대의 역사를 썼다고 볼 수 있습니다. 그래서 그의 책에는 신화와 전설과 민담이 많이 서술되어 있습니다. 하지만 그가 사실인지 확인하기 어려운 신화와 전설과 민담을 서술했기 때문에 그의 책을 역사서라고 보기 어렵다는 것은 그 시대적 상황을 고려할 때 가혹하다고 볼 수 있습니다. 분명 그의 책에는 신화와 전설과 같은 내용이 있는 것은 사실이지만 역사를 서술한 목적과 '역사란 무엇인가'를 생각해보았을 때 헤로도토스의 《역사》책은 서양 역사의 시발점의 자격을 가질 만하다고 생각합니다.

둘째, 객관적이고 공정함. 헤로도토스는 그리스와 페르시아라는 두 세계의 국제전을 객관적이고 공정하게 서술했습니다. 헤로도토스는 서로 다른 문명의 충돌이었던 페르시아 전쟁을 기록하면서 두 문명의 면모를, 다시 말해 서로 다른 언어와 문화와 정치 체제를 가진 두 세계의 특징을 자세히 서술했습니다. 그는 아테네와 스파르타를 포함한 그리스 세계, 이집트, 페르시아, 흑해 북안을 중심으로 현재의 우크라이나 지역을 차지했던 스키타이족, 오늘날 터키의 아시아 지역인 이오니아, 보스포르스 해협의 유럽 쪽인 트리키아 등 자신이 알았던 모든 사회의 정치, 민속, 종교, 문화를 기록하는데 아낌없이 지면을 배정하였고, 전쟁 과정을 서술하는 데 있어서도 그리스와 페르시아를 공정하게 대했습니다. 즉 헤로도토스는 한쪽에 치우침이 없이 역사를 서술하는 데 요구되는 객관성과 공정성을 가지고 충실하게 《역사》를 서술했습니다.

물론 투키디데스도 아테네인이었지만 그리스 세계의 일원으로서 자신이 참전했던 그 내전을 객관적으로 관찰하고 기록했습니다. 그 또한 델로스 동맹과 펠로폰네소스 동맹을 공정하게 다루었습니다. 《펠로폰네소스 전쟁사》 또한 인류의 역사를 기록한 훌륭한 역사서임에는 틀림이 없습니다. 두 권 모두 역사서로의 자격을 충분히 갖추었지만 무엇이 먼저인가를 따진다면 헤로도토스의 《역사》의 서술이 먼저임이 인정할 수밖에 없는 사실입니다.

셋째, 사료의 적극적인 활용과 탐사. 헤로도토스의 《역사》에는 헤아릴 수 없을 만큼 많은 설화가 나오지만 모든 이야기를 사실로 뒷받침하기 위해 믿을 만한 사료를 적극적으로 활용했고, 직접 탐사했습니다. 그의 책 《역사》에는 많은 설화가 나오는 것이 사실입니다. 하지만 그것은 그가 기록하던 시대의 특수성을 감안해야만 합니다. 그 시대는 문헌 자료의 기록이 거의 전무하던 시대였습니다. 그런 어려운 상황에서 그는 비석이나 문학작품의 내용을 참고할 수밖에 없었습니다. 그리고 스스로 이런 사료들의 한계를 알고 있었기에 사실로서의 역사를 기록하기 위해 20여 개의 나라들을 여행하고 탐사한 지역의 지리, 풍속, 전해지는 이야기들을 사실적으로 기록하고자 했습니다.(이집트의 피라미드에 대한 기록이나 미라를 만드는 과정의 기록 등) 그리고 그의 이러한 노력은 현재 세계사를 연구하는 데 중요한 자료로 이용되고 있습니다. 이러한 그의 노력이 역사란 역사가가 과거 일에 대해 깊이 생각하고 연구한 내용이라는 생각을 갖게 하였다고 할 수 있으며, 그런 점을 인정받아 그가 '역사(학)의 아버지'라고 불리게 된 것이라고 생각합니다.

물론 투키디데스가 정보의 진위와 가치가 훨씬 더 사실에 가까움을 인정합니다. 그는 같은 일을 두고 다르게 말하는 경우가 허다했기 때문에 전쟁을 체험한 사람들의 목격담과 전언을 다른 정보와 비교 검토하는 과정을 거쳤고, 사실일 가능성이 큰 것을 채택했습니다. 《역사》의 기술에서 정확한 발생 연도 표시가 거의 없어 사건의 선후만을 알 수 있는 것에 비해 《펠로폰네소스 전쟁사》는 시간의 흐름을 보여주려고 노력했다는 것도 사실입니다.(통일된 기준 시점이 명확하지 않아 사건의 발생 시점을 단번에 알기는 어려운 한계점도 있다. 어떤 사건을 기준으로 몇 년 뒤에 어떤 일이 일어났다는 식으로 서술) 그리고 신화와 전설을 최대한 배제한 것도 사실입니다. 그랬기에 투키디데스는 헤로도토스의 《역사》를 대중의 취미에 영합하는 일회용 들을 거리로 취급했습니다.(그는 우선 '그럴 듯한 이야기'를 일체 배제하고 '근거 있는 사실'만 다루려고 했다.)

하지만 현대 역사가의 시점에서 본다면 투키디데스 또한 헤로도토스와 크게 다르지 않습니다. 그가 서술한 정치지도자들과 장군들이 벌인 논쟁과 연설문, 정보 제공자의 출처 등은 기록이 없고 목격자도 불확실하며 전해지는 정보마저도 과장, 왜곡, 각색되었다는 것을 알 수 있으며, 사료의 부족한 부분은 상상력으로 극복한 것으로 보일 뿐입니다. 그런 점에서 보면 헤로도토스의 《역사》나 투키디데스의 《펠로폰네소스 전쟁사》나 사실의 진위로 우월함을 따지는 것은 '새 발의 피' 정도가 아닐까 생각합니다. 그렇다면 페르시아 전쟁을 기록할 만한 사건이라고 생각하고, 페르시아 전쟁의 원인과 전개 과정을 수많은 정보를 끊임없이 비교 분석해서 진실한 정보를 가려내며 기록한 헤로도토스의 《역사》를 지금까지 발견된 서양 역사 기록서의 시발점이라고 말하는 것이 맞다고 판단됩니다.

지금까지 '헤로도토스 《역사》 서술의 목적, 객관적이고 공정함, 사료의 적극적인 활용과 탐사'라는 세 가지 근거를 들어 헤로도토스의 《역사》가 서양 역사서의 시발점이라고 주장했습니다. 헤로도토스의 《역사》와 투키디데스의 《펠로폰네소스 전쟁사》는 모두 서구 역사가들에게 깊은 영감을 주었고, 그 힘은 두 사람의 깊은 통찰과 인간에 대한 깊은 이해에서 나온 것이라고 할 수 있습니다. 헤로도토스는 당대의 인간이 이룬 업적을 후세에 전하고 페르시아 전쟁의 원인을 밝히겠다는 목적 의식을 품고 있었고, 투키디데스는 펠로폰네소스 전쟁뿐만 아니라 각 도시 국가의 내란 상황들도 꼼꼼하게 기록하고 분석하고 평가하며 그리스 세계의 몰락을 상세하게 기록하겠다는 집필 목적을 가지고 있었습니다.

《역사란 무엇인가》의 저자 에드워드 H. 카1892~1982는 역사는 역사가의 목적과 사실, 사실에 대한 해석과 역사가의 상상력이 서로 영향을 주고받는 복합적 피드백의 산물이라고 보았기 때문에 "역사란 역사가와 그의 사실들의 지속적인 상호작용의 과정이다"라고 말했습니다.

두 역사가 모두 위대한 역사가이고, 현대 역사가들에게 역사서의 창시자 대접을 받기에 충분하다고 생각합니다. 하지만 굳이 누가 최초의 역사서를 쓴 사람인가, 어떤 책을 최초의 역사서라고 할 것인가를 따져야 한다면 먼저 역사의 기록이라는 목적을 가지고 책을 저술한 헤로도토스의 《역사》의 손을 들어주는 것이 옳다고 생각합니다.

PART 4

북클럽이 궁금해?
Q & A

북클러버가 되고 싶은데, 아직도 궁금한게 많다면
이번 장의 Q & A를 참고하세요.

Q. 혼자 책 읽는 것이 편한데 굳이 북클럽을 왜 해야 할까요?

Q. 북클럽에 오기 전에 어떤 것을 준비해야 할까요?

Q. 좋은 책을 어떻게 고르나요?

Q. 전자책(e-Book)으로 읽어도 괜찮을까요?

Q. 한 번에 꼭 한 권씩 읽어야 하나요?

Q. 책을 잘 읽는 방법을 소개해 주세요.

Q. 독서 노트는 어떻게 기록해야 할까요?

Q. 읽기 힘든 책은 어떻게 읽어요?

Q. 부부 북클럽을 하고 싶은데, 둘의 책 성향이 다르다면 어떤 책을 선정하면 좋을까요?

Q. 결석하는 사람이 많으면 어떻게 해야 할까요?

Q. 사람들 앞에서 이야기하는 것이 힘든데 어쩌죠?

Q. 책을 안 읽어오면 어떻게 하죠?

Q. 북클럽에서 한 사람의 발언이 너무 많으면 어떻게 조절해야 할까요?

Q. 어떻게 질문해야 할지 모르겠어요.

Q. 북클럽에서 나눈 이야기는 어떻게 모으면 좋을까요?

Q. 북클럽은 언제까지 해야 할까요?

Q. 혼자 책 읽는 것이 편한데 굳이 북클럽을 왜 해야 할까요?

북클럽을 하면서 모임이 끝나고 하는 이야기가 있습니다. 혼자 있을 때는 자신이 무슨 색인지 명확하지 않을 때가 있습니다. 예를 들면, 빨간색을 가지고 있다고 생각했는데 노랑이 좀 섞인 빨강인지 파란색이 섞인 빨강인지 구분이 힘든 것과 같지요. 다른 색깔들과 함께 있으면 어떤 빨간색인지, 즉 주황색인데 빨간색이 섞인 것인지 알게 됩니다. 마찬가지로 북클럽을 하게 되면 나의 색깔을 다른 사람들을 통해 명확하게 인지할 수 있다는 생각이 듭니다. 또한 내 생각의 깊이를 좀 더 관찰하고 알고 싶다면 북클럽을 추천합니다. 자신의 생각의 층위를 넓거나 깊게 가질 수 있게 됩니다.

Q. 북클럽에 오기 전에 어떤 것을 준비해야 할까요?

책을 읽을 때부터 준비하면 좋습니다. 연필과 포스트잇을 옆에 두고, 책을 읽으면서 질문이 생기면 포스트잇을 활용하여 메모해 둡니다. 또 기억하고 싶은 문장이나 공감이 어려운 문단이 있다면 역시 포스트잇을 붙여 놓습니다. 책 읽기를 마쳤다면 생각 그물을 이용하여 책 전체 내용을 파악해 봅니다. 이 과정을 거치면 전체 내용을 장악할 수 있습니다. 다음은 주인공의 입장이 되거나 주인공과 대립하는 인물의 입장이 되어 자기소개서를 써 봅니다. 이때는 책 속의 문장을 인용해서 작성합니다. 그리고 나의 감정이나 생각을 덧붙여 봅니다. 인물 분석이 더 자세해지고 이야깃거리가 많아집니다.

마지막으로 책을 읽으면서 생겼던 질문들을 정리해 보고, 생각 그물, 자기소개서를 써 보면서 생겼던 질문들도 정리합니다. 뭔가 복잡하다구요? 모든 것이 어렵게 느껴진다면 책을 읽으면서 떠오르는 질문들을 포스트잇에 메모하는 것만 실천하세요. 그리고 북클럽에 참여하면 할 이야기가 많아집니다. (Part2-2 참조)

Q. 좋은 책을 어떻게 고르나요?

이미 읽은 분들의 추천을 받아 읽는 것이 실패가 적습니다. 비슷한 의미로 책 소개를 해주는 유튜브 채널이나 공신력 있는 기관에서 추천하는 책을 고르는 것도 좋은 방법입니다. 만약 추천받은 책이 자신과 맞지 않다고 생각하면 다른 채널이나 다른 경로를 통해 볼 수 있겠죠. 신뢰를 쌓을 동안 시간이 걸리겠지만, 어느 정도 신뢰가 형성된 경로를 통해 추천받는 것을 권해드립니다. 요즘엔 큐레이팅이 잘 되어 있는 동네서점들이 많이 있으므로 오프라인 매장에 가서 책을 고르는 것도 좋습니다. 촉감이나 느낌을 통해 책을 고르면 책을 사면서 읽는 것까지 이어지는 경험을 할 수 있습니다. (Part2-3 참조)

Q. 전자책(e-Book)으로 읽어도 괜찮을까요?

요즘에는 종이책보다 전자책을 읽는 경우가 많습니다. 전자책은 부피도 적고, 이북 리더기에 몇백 권, 몇천 권이라도 가지고 다닐 수 있다는 장점이 있습니다. 밝기나 글자 크기와 서체, 행간, 페이지 전환 방식 등 자신에게 맞는 형태로 자유롭게 레이아웃을 조정할 수 있고, 중요한 내용에 표식하고 한꺼번에 그 내용들만 모아서 볼 수도 있습니다. 또 읽으면서 바로 메모도 할 수 있습니다. 또 많은 공간을 주인인 양 차지하고 있는 책에게 공간을 내줄 필요도 없지요. 책을 읽는 것이 능숙한 독자라면 전자책은 추천할 만합니다.

하지만 책을 읽는 것이 아직 미숙하다면 종이책을 읽는 것을 추천합니다. 특히 어린이나 청소년의 경우 전자책보다는 종이책을 권합니다. 종이책은 우리에게 단지 텍스트만으로 메시지를 전하는 것이 아니라 책의 무게와 크기, 종이의 촉감과 질감, 냄새, 책의 내용, 읽을 때 내가 했던 행동들, 주변의 상황들, 소리 등 종합적으로 메시지를 전합니다. 그리고 우리는 단지 전자책을 읽는 것처럼 눈이나 손의 촉감으로만 책을 읽는 것이 아니라 온몸의 감각으로 책을 읽고 경험하고 기억합니다. 물리적인 실체감이 기쁨을 주고, 다 읽은 후에 성취감을 느끼게 해주기도 합니다. 아직 읽기가 미숙하기 때문에 다시 내용을 확인하기 위해 왔다 갔다 하면서 확인하기도 쉽고, 다시 읽고 싶을 때 후루룩 펼쳐서 읽고 싶은 부분을 읽기도 좋습니다.

결론적으로 책 읽기가 미숙한 독자, 어린이, 청소년 독자라면 종이책으로 익숙해지길 권하지만, 전자책의 흐름과 장점을 무시하기도 어렵습니다. 개인의 독서 능력, 사정과 상황에 따라 전자책과 종이책을 선택하시면 됩니다.

Q. 한 번에 꼭 한 권씩 읽어야 하나요?

북클럽의 목적에 따라 달라질 수 있습니다. 함께 모여서 각자의 책을 읽기 위한 북클럽이라면 꼭 한 권의 책일 필요는 없습니다. 그렇지만 북클럽의 목적이 함께 의견을 나누고 토론하는 것이라면 한 권의 책을 선택해야 합니다. 다만 선정한 도서가 그림책이라면 여러 권의 책을 함께 읽을 수 있습니다. 읽고 오지 못한 구성원이 있다면 현장에서 같이 읽을 수도 있는 분량이기 때문입니다. 그렇지만 사전에 책을 읽고 모임에 참석하는 것이 더 깊이 있고 다양한 토론이 가능합니다.

북클럽 모임 주기와도 상관이 있습니다. 매주나 격주로 모임을 진행한다면 한 권의 책이 적당합니다. 북클럽을 한 달에 1회로 진행한다면 책의 분량에 따라 2~3권 정도도 가능합니다. 도서 선정 시 같은 작가나 같은 주제로 결정하면 비교 분석할 수 있어 훨씬 흥미로운 토론이 가능합니다. 가장 좋은 방법은 자신의 북클럽에서 구성원들과 의논하여 결정하는 것입니다. (Part2-3 참조)

Q. 책을 잘 읽는 방법을 소개해 주세요.

독서하는 방법으로 여러 번을 읽는 것을 권합니다.

0단계로 저자와 표지를 살핍니다.

1단계로 서문을 읽습니다. 읽고 요약하여 말할 수 있으면 좋습니다.

2단계로 가볍게 훑어 읽습니다. 정말 가볍게 통독하는 겁니다. 한 번 읽었죠!

3단계로 관심 있는 부분부터 읽습니다. 두 번 읽었네요.

4단계로 다시 읽을 때 인상적이거나 중요한 부분을 밑줄 치면서 읽습니다. 세 번!!

5단계로 밑줄 친 부분이라도 다시 읽습니다. 네 번이나 읽었죠!

가능하다면 중요한 부분을 독서 노트에 정리합니다. (Part2-5 참조)

Q. 독서 노트는 어떻게 기록해야 할까요?

책 읽기 단계와 북클럽에서 이야기를 나눈 후 단계별로 정리하면 좋습니다. 초급이나 책읽기 단계의 독서 노트에는 기본적으로 기록 일자, 책 제목, 저자의 이름, 저자 생몰연대, 출판사, 서지 정보, 책의 차례에서 중요한 내용을 요약하거나, 책을 읽으면서 떠오르는 생각을 메모하는 정도로 기록하면 좋습니다.

필요에 따라 노트가 아니라 SNS나 앱에 기록하는 것도 좋은 방법입니다. 독서 노트를 기록할 때 어떤 용도로 쓸 것인지, 무엇이 남아 있으면 좋을지 생각해서 기록하는 것을 추천합니다.

독서 수준이 올라간다면 기본적인 서지 정보와 책의 핵심 내용을 다양한 방법으로 정리합니다. (글이나 마인드맵, 표 등으로 구조화시켜 정리하면 유용합니다.) 그리고 중요한 질문이나 아이디어, 더 조사해 보고 싶은 내용들을 함께 기록합니다. 독서노트는 한눈에 볼 수 있게 한 페이지에 정리하는 것이 좋습니다.

Q. 읽기 힘든 책은 어떻게 읽어요?

너무 읽기 힘들다면 아직은 나의 수준에 맞지 않을 수 있습니다. 우선 쉽게 읽을 수 있는 책을 고르세요. 책을 읽을 때 열 페이지 중에 다섯 페이지 이상이 무슨 내용인지 이해하지 못하겠다면 그 책은 접어야 합니다. 그 책은 다음을 기약하고 더 쉽고, 재미있게 읽을 수 있는 책을 고르세요.

Q. 부부 북클럽을 하고 싶은데, 둘의 책 성향이 다르다면 어떤 책을 선정하면 좋을까요?

성향이 다르면 더욱 좋습니다. 문학을 좋아하는 사람들끼리 만나 《레 미제라블》◆을 읽으면, 모두 좋아하는 책을 읽으니 감상이 깊고 서로 공감할 만한 지점이 많을 것입니다. 또 자기계발서를 좋아하는 사람들끼리 만나 《인간관계론》◆을 읽으면, 목적성이 같아 추구하는 바를 빠르게 이룰 수도 있겠지요.

하지만 성향이 다른 사람들이 만나 레이첼 카슨이나 칼 세이건의 책을 읽어보면 어떨까요? 두 사람은 과학자이면서 글솜씨가 뛰어나 어려운 개념도 대중들에게 쉽게 다가가도록 책을 썼습니다. 레이첼 카슨의 《우리를 둘러싼 바다》◆는 바다를 어머니로 비유하며, 바다와 육지의 아름다움을 설명하고 바다 환경오염은 인간을 파괴한다는 메시지를 줍니다. 어릴 때부터 자연에 대한 글을 쓰고 영문학을 공부한 레이첼 카슨이 생태계의 위험을 대중의 마음에 다가갈 수 있도록 쉽게 써냈습니다. 칼 세이건의 《코스모스》◆는 우주과학의 대중화를 열었

◆ 《레 미제라블》, 빅토르 위고 저, 민음사, 2012
◆ 《인간관계론》, 데일 카네기 저, 임상훈 옮김, 현대지성, 2019
◆ 《우리를 둘러싼 바다》, 레이첼 카슨 저, 김홍옥 옮김, 에코리브르, 2018
◆ 《코스모스》, 칼 에드워드 세이건 저, 홍승수 옮김, 사이언스북스, 2006

지요. 우주의 지식을 얻을 수 있을 뿐만 아니라, 우주와 인간의 연결을 아름답게 표현한 문장들은 무엇보다 문학적입니다. 서문만 읽어도 책을 추천한 이유를 알게 되지요.

과학적 탐구력과 지적 호기심, 문학적 상상력과 관점이 만나는 책을 찾아 읽으세요. 융합적 사고의 길을 걸어간 작가의 책들을 읽다 보면 성향이 다른 두 세계가 만나는 북클럽의 효과를 거둘 수 있을 거에요.

Q. 결석하는 사람이 많으면 어떻게 해야 할까요?

결석하는 사람이 많으면 북클럽이 제대로 운영되기 어렵습니다. 함께 모여 책을 읽기로 했을 때 반드시 지켜야 할 두 가지가 있다면, '첫째, 약속한 책은 읽고 온다, 둘째, 모임에 참여한다'라는 것입니다. 물론 어쩔 수 없는 상황이 있을 수 있겠지만 기본적으로 북클럽이 우선되어야 한다는 것입니다. 결석자가 생길 경우를 대비하기 위해서는 결석자가 결석에 책임질 수 있는 규칙을 정하거나 한 명 정도 결석해도 모임에 차질이 없도록 한두 명의 인원을 더 모집하는 것입니다. 하지만 가장 중요한 것은 구성원 모두 북클럽에 결석하지 않는다는 것을 전제로 삼아야 한다는 것입니다.

Q. 사람들 앞에서 이야기하는 것이 힘든데 어쩌죠?

사람들 앞에서 생각을 이야기한다는 것은 쉽지 않은 일입니다. 다른 사람들은 말을 너무 잘하는데 내 이야기가 너무 형편없지 않을까

걱정되죠. 하지만 능숙함이 아니라 진솔함이 전해지면 그것대로 매력적입니다. 처음부터 능수능란하게 이야기하는 것은 당연히 힘들 수 있습니다. 대신 이야기를 해야 할 때를 위해 책을 더 꼼꼼하게 읽고, 인상적인 부분을 체크해서 독서 노트도 작성해 보고, 질문도 미리 만들어보는 준비를 한다면 사람들 앞에서 말한다는 두려움과 부담이 훨씬 덜어질 것입니다. 그리고 친밀한 사람들과의 북클럽은 생각보다 편안합니다.

Q. 책을 안 읽어오면 어떻게 하죠?

북클럽에서 책을 읽어오는 것은 기본 전제이지만 책을 계속 안 읽어오는 구성원이 있다면 왜 책을 읽어오지 않는지 확인할 필요가 있습니다. 시간을 내지 않아서 못 읽는 것인지, 책을 읽기가 힘든 분량인지, 어려운 주제여서 읽기 힘들었던 것인지를 확인해보세요. 그래서 북클럽에서 읽기로 선택한 책이나 분량이 구성원들에게 적절한지 점검이 우선 필요합니다. 모두 잘 읽는데 한 사람만 그런 상황이 생긴다면 가능한 만큼 읽고 오도록 하고 북클럽에서 함께 이야기를 나누며 구성원들이 책의 내용을 소개해주는 것도 좋습니다. 내용을 이해하고 난 후에는 얼마든지 이야기에 참여할 수 있습니다. 그리고 서로에게 폐가 되지 않도록 책은 반드시 읽고 참여하는 것이 좋습니다. 그래야 모임에서 더 많은 이야기를 할 수 있습니다.

Q. 북클럽에서 한 사람의 발언이 너무 많으면 어떻게 조절해야 할까요?

북클럽은 한 사람의 일방적인 연설장이 아닙니다. 그래서 나의 의견을 이야기하는 것도 중요하지만 다른 사람의 이야기를 경청하는 것이 정말 중요합니다. 하지만 일부 사람들은 다른 사람의 의견은 전혀 듣지 않고 자신의 이야기만 하는 경우가 많습니다. 이때 그날 리더의 역할이 중요합니다. 적절하게 발언자의 이야기를 정리해주면서 다른 발언자의 발언을 유도해줘야 합니다. 이런 상황을 미연에 방지하려면 한 사람의 발언 시간과 순서를 미리 정하고 시작하는 것이 좋습니다. 먼저 1라운드에서는 각자 자유롭게 발언할 시간을 3분 정도씩 정해 발언하고, 2라운드에서는 1라운드에서 말한 발언에 대해 질문하거나 보충 설명하는 시간을 갖습니다. 3라운드에서는 1, 2라운드의 생각을 정리하면서 발언하는 시간을 갖는 것입니다. 각자 주제마다 이런 순서로 진행하면 각자의 발언 시간이 보장되면서 다양한 주제에 대해 다양한 의견을 나눌 수 있습니다.

Q. 어떻게 질문해야 할지 모르겠어요.

책 읽기 단계에서부터 스토리 중심으로, 등장인물들 중심으로, 작가의 의도한 바가 무엇인지 추론해 보면서 읽습니다. 공감되는 대목은 없는지, 등장인물들의 행동에 공감할 수 없는 부분은 없는지, 작가의 의도에 대해 비판할 점은 없는지 되새겨 봅니다.

가장 쉬운 방법은 육하원칙입니다. 누가, 언제, 어디서, 왜, 어떻게, 무엇을. 이 6가지의 질문만으로도 내용을 더 깊이 이해할 수 있습니다. 여기에 '나라면?'을 추가해보세요. 육하원칙으로는 생각의 확장이 어려울 때 사용하는 7하원칙입니다. 이야기를 나에게 적용해보는 것이지요. 책의 세계와 내가 만날 때, 진심이 들어간 질문이 나옵니다.

그러면서 사실 내용을 확인하는 질문, 내용의 원인과 결과를 추론하는 질문, 상황을 판단해보는 질문들을 만들어봅니다. 질문하는 것도 연습이 필요한 작업입니다. (Part2-5 참조)

Q. 북클럽에서 나눈 이야기는 어떻게 모으면 좋을까요?

같은 주제로 이야기를 나누고 결과로서 글을 쓰는 활동이 가장 일반적입니다. 북클럽에서의 토의토론이 마구 떠오르는 생각들을 자유롭게 확산하며 나누었던 활동이라면 글을 쓴다는 것은 이야기를 다시 돌아보며 자신의 논리나 이론, 생각들을 하나의 생각의 궤로 수렴하는 활동입니다. 그래서 자기 생각을 정리하는 글쓰는 활동은 꼭 필요합니다. 이것은 자신의 노트나 컴퓨터에 정리해도 좋지만, 생각의 과정을 블로그나 SNS에 공개하며 기록하는 것을 추천합니다. 이것은 다른 사람에게도 좋은 영향을 끼치는 선순환을 가져옵니다. 또 함께 북클럽을 하는 구성원들의 글을 모아서 문집을 만드는 것도 좋습니다. 자신만의 책을 갖게 되는 겁니다.

Q. 북클럽은 언제까지 해야 할까요?

북클럽의 끝은 없습니다. 하지만 상황이나 필요에 따라 여러 개의 북클럽에 참여하거나 나에게 맞는 북클럽으로의 이동은 가능합니다. 또 사정에 따라 잠깐 쉴 수는 있겠지요. 하지만 북클럽은 평생해야 하는 것이라고 생각합니다.

나의 변화를 꿈꾸며,
우리의 변화를 꿈꾸며

요즘 세대를 일컬어 '결정장애indecisiveness 세대', '메이비 세대 Generation maybe'라고 말하기도 합니다. 2012년 독일의 올리버 예게스 라는 젊은 저널리스트가 미국 담배회사 말보로의 광고 문구 'Don't be a Maybe'를 보고 착안해 칼럼에 기고하면서 알려지게 되었지요. '결정장애'는 선택을 해야 하는 상황에서 쉽게 결정을 내리지 못하는 것으로 '선택불가증후군'으로 부르기도 합니다.

우리는 끊임없이 결정해야 합니다. 일어날지 말지, 점심을 무엇을 먹을지, 어떤 색깔의 옷을 입을지와 같은 사소한 문제에서부터 나의 인생을 결정짓는 진로 같은 중대한 일을 자신에게 가장 좋은 방향, 옳은 방향으로 선택해야 합니다. 그런데 무엇을 선택해야 할지 모르 고 나에 관한 선택을 다른 사람이 결정해주기를 바랍니다. 심지어 어떤 사람은 인스타그램에 무엇을 선택해야 할지 묻기도 하더군요.

우리는 우리의 목소리를 가져야 합니다. 나의 목소리로 말하고, 타인의 목소리도 들어야 합니다. 어린이의 목소리도 들어야 하고, 약자의 목소리도 들어야 하고, 작은 목소리도 들어야 하고, 큰 목소리도 들어야 합니다. 그리고 어떤 목소리가 나에게, 우리에게 필요한 목소리인지 판단할 수 있어야 합니다. 누군가의 큰 목소리에 현혹된 것은 아닌지 질문해야 합니다. 매력적인 목소리 톤에 빠져 무엇을 말하고 있는지 놓치고 있는 것은 아닌지 질문해야 합니다.

끊임없이 질문하고 스스로 대답을 찾고, 그 대답을 함께 나누는 과정에서 우리는 자기 목소리를 갖게 됩니다, 그런데 한 번 목소리를 가졌다고 그 목소리가 항상 바른 소리는 아닙니다. 그래서 내 목소리가 변질되고 있는 것은 아닌지, 고정관념에 빠진 것은 아닌지, 오개념을 가진 것은 아닌지 항상 점검하고 수정하는 것이 필요합니다.

그러기 위한 가장 좋은 방법은 함께 책을 읽는 것입니다. 가장 쉬운 매개체인 '책'이라는 도구로 하나의 일에 목소리를 내어보는 것입니다. 그 안에서 고유한 자신의 목소리와 공통의 목소리를 발견하게 됩니다.

그것은 어디로 가서 배워야 하는 것이 아닙니다. 그냥 시작하면 됩니다. 집에서 굴러다니는, 눈에 띄는 책부터 시작해도 좋습니다. 아이들과, 친구들과, 동료와 함께 시작해보세요. "우리 함께 책 읽을까? 북클럽 어때?" 하고 용기 내어 말해보세요. 이제 시작입니다.

더 하고 싶은 이야기

+ + + + +

우리는 왜 북클럽을 추천하는가?

새로운 북클럽의 탄생을 기대하며

35년 전 초등학교를 막 졸업한 나는 굉장히 신기한 경험을 했었다. 중학생 영어 공부는 초등학생과 구분되는 '형님의 공부'라는 자부심도 살짝 들었던 기억이 있다. 그러나 알파벳을 외우면서, 같은 알파벳 단어여도 발음이 달라진다는 혼란스러운 경험도 동시에 시작되었다. 나보다 뭐든 잘하던 3살 많은 언니는 시간이 꽤 지난 후에 선심 쓰듯 발음기호를 알려주었고, 그제야 혼란스럽기만 하던 영어는 내 속에서 언어가 되었다.

2008년 서초동 어귀에서 학원을 열었을 때 몇 개의 질문이 있었다. 어떤 아이들은 세상에 존재하는 것들에 대해 이미 좌표를 가진 듯이 의연하게 학습하고, 어떤 어린이는 무엇인가를 배우는 데 힘겨워하고 있었다. 왜일까? 어떤 차이일까? 학습이란 어떻게 시작되어 어떻게 머리와 가슴에서 조직되는 것일까? 아이들과 교사 사이에 어떤 일이 벌어져야 누구나 쉽게 배울 수 있을까? 14년이 지난 지금까지도 이 질문에 대한 답을 찾는 일은 계속되고 있다. 여전히 서초동에서.

나의 영어 인생에서 발음기호 사건은 언어가 '약속'이라는 어렴풋

235

한 깨달음을 주었고, 나의 교사 인생에서 '학습의 비밀'을 알아내는 과정은 내가 깨닫고, 배우고, 실행해야 할 삶의 방향을 정해주었다. 약속된 언어와 그것들이 잔뜩 기록된 책에서 학습의 비밀을 찾는 것이 내 업이 되었고, 그 길에서 좋은 동료를 만나 이런저런 토론을 해가는 것이 참 좋다.

'언어와 학습'을 키워드로 리터러시와 관련된 이야기를 쓰기로 마음먹었을 때, 재능이 넘치는 내 동료들은 '북클럽'을 떠올렸다. '책을 읽는 것은 한 사람의 능력 중 한 부분을 키우는 것을 넘어 우리 사회를 키우는 것이 아닌가?' 하는, 조금 '비약'된 생각도 해본다. 엄밀히 따져보면 우리 학원에서 하는 일이 북클럽과 똑같기도 하다.

읽고, 말하고, 듣고, 쓰는 과정을 누군가와 함께 즐겁게 겪어보는 일이 학습이면 좋겠다. 또 내가 직접 약속하진 않았지만, 우리의 조상, 우리의 선배들이 약속하고 실천에 옮긴 기호들을 만나고, 리터러시 내면에 존재하는 배울 거리를 탐색하면 그것이 학습이고, 삶을 잘 살게 하는 힌트를 찾아나서는 길이라는 생각을 하면 좋겠다.

가족끼리, 친구끼리, 같은 직업을 가진 사람들끼리. 혹은 같은 관심사를 가진 사람들끼리 자유롭게 또는 규칙을 가지고 마음을 내어 북클럽을 만들어보는 건 어떨까. 결국 최종의 선택은 자신의 몫이지만, 과정을 함께 해주는 사람들이 있다면 책을 읽고 학습을 하는 일이 결코 외로운 공부 같은 느낌은 덜 줄 것 같다.

여전히 머리는 항상 생각으로 꿈틀댄다. 그런데 그 생각이 글로 표현될 때는 왜 이리 생소한 것일까? 내가 작업한 결과를 보면 더 부끄

럽다. 경력 20년 차 교사도 여전히 어려운 것이 자유로운 리터러시가 아닌가 싶다.

이 책을 쓰게 된 동기는 학생들을 만나면서 수업을 할 때, 우리는 어떤 기준을 가지고 있는지, 그래서 어떤 적용을 하고 있는지를 알리고 자랑하고 싶었던 것 같다. 리터러시 교육에 대한 가설과 실험의 과정에서 확신할 만한 결과들이 있었음에도 '정말 맞는 건가?'라는 의혹이 떠나지 않았다. 나의 신념을 확인하기 위해 언어와 학습에 관한 교육학 공부가 필요하다는 결론에 다다르고 석사과정 공부를 시작했다. 아직은 전체 과정을 이수하지 않았고 곧 논문을 써야 하지만, 리터러시에 대해 어느 정도의 확신을 가지게 되었다. 그 확신들이 씨줄과 날줄이 되어 수업에 반영되고, 수업 방법으로 자리잡혔고, 이 책의 기준이 되기도 했다.

본문에 담긴 우리의 생각은 교사의 머릿속에만 있는, 죽어 있는 지식이 아니다. 매주 30여 명 정도의 학생과 책을 통해 만나면서 수 없이 진행되는 '북클럽 리터러시'의 결과물들이다. 그런 의미에서 리터러시를 담을 수 있는 가장 좋은 실체가 무엇일까를 고민할 때 '북클럽 운영'을 떠올린 것은 참 잘한 것 같다.

책이란 필연적으로 '회자'와 '생명력'이 정비례하기에, 책의 탄생과 동시에 그 내용을 음미하고 공유하려는 사람들이 삼삼오오 모여서 책에 관해 이야기했다. 북클럽의 탄생이었다. 북클럽은 결론적으로 더 나은 지식을 탄생시키는 역할을 했다.

그런 의미에서 사회의 발전을 바란다면 '북클럽' 혹은 그 유사한 모임을 만들어야 하는 것이 우리들의 임무가 아닌가 생각해본다.

나의 동료들과 함께 만든 이 책을 통해서 '북클럽'을 잘 만들고, 부드럽게 운영하고, 의미있게 지속할 수 있는 방법을 찾을 수 있기를 기대한다. 또 실제에 적용할 수 있는 팁도 눈여겨 보면 좋겠다.

『생각의 탄생』 대표원장 류기현

✪이런 삶을 상상해보세요

　여러분의 일주일은 어떻게 흘러가나요? 우리는 일주일 사이 저마다의 생을 살아갑니다. 쓰레기를 분리수거하기도 하고, 잘 익은 토마토에 설탕을 솔솔 뿌려 먹기도 합니다. 나눗셈 숙제가 밀려서 혼나기도 하고, 스파이더맨이 나오는 영화도 봅니다.

　『생각의 탄생』은 일종의 작은 북클럽입니다. 우리는 일주일에 한 번 자기 삶과 지식과 호기심을 가지고 눈을 빛내며 이곳에 모입니다. 아이들의 가방 속에는 책 한 권과 노트 그리고 이름이 약간 지워진 물통과 작은 장난감이 들어 있습니다.

　아이들은 책을 달랑달랑 넣어 다니며 쉬는 시간에도 읽고, 아침 독서 시간에도 읽습니다. 캠핑장 해먹에 누워서, 혹은 부모님의 잔소리에 쫓겨 책상 앞에 앉아 입을 삐죽이며 읽습니다. 어떤 책은 택배 상자에서 꺼내자마자 발을 동동 구르며 단숨에 읽어 내려가기도 하고, 아버지 어머니의 도움을 받아 겨우겨우 읽어내기도 합니다. 책을 읽어주는 부모님도 고개를 갸웃하며 함께 이것저것 찾아보며 읽어야 하는 책들도 있습니다. 몇 년 전에 읽었지만, 자기 전에 보고 또 보는 그런 책들도 있지요.

『생각의 탄생』에 온 우리는 저마다 책의 소감을 이야기합니다. 책을 읽으며 그린 그림도 보여주고, 생각났던 노래도 들려줍니다. 주인공과 꼭 같은 경험을 했던 친구 이야기, 학교 이야기 등 책을 만난 마음과 경험을 시끌시끌 나눕니다.

이제 우리는 연필을 들고 내가 이해한 만큼, 책 속 지식과 정보를 정돈합니다. 역사책을 읽고 기차처럼 긴 연표를 만들 때는 등장인물별로, 사건별로 나누어 시대적 배경과 공간적 배경을 챙겨서 꼼꼼하고 깐깐하게 만듭니다. 어려운 낱말의 뜻도 찾아보고, 함께 동영상도 봅니다. 선생님의 강의도 듣고, 책 속 지식을 한눈에 알아보기 쉽게 마인드맵으로 그리며, 내가 설명하며 함께 정리합니다. 선 지식이 풍부하지 않아도 괜찮습니다. 어리더라도 저마다 살면서 쌓아온 삶의 지혜가 있기 때문입니다.

그리고 나서는 질문을 만듭니다. 질문이야말로 다다익선이지요. 많으면 많을수록 재밌고 우리의 북클럽은 활기가 넘칩니다. 책을 읽으며 궁금했던 것, 이해가 안 되는 것, 함께 이야기해보고 싶은 것들을 모아 온 우리는 생각의 바다에서 헤엄칩니다. 물론 의견이 다를 때는 다투기도 하고, 도저히 이해가 안 된다며 가슴을 치기도 하지만 뭐 어떤가요? 대화의 결과도 중요하지만 과정에서 우리는 끊임없이 생각하고, 질문하고, 새로운 생각이 탄생했으니 이미 충분하지 않은가요?

쉬는 시간을 보내고 오면 자리에 앉아 연필을 듭니다. 오늘 내 마음에 남은 하나의 생각을 주제로 만들고, 생각이 떠올랐던 과정을 떠올리며 개미의 머리, 가슴, 배처럼 문단을 지어냅니다. 슥삭슥삭. 제가 가장 좋아하는 시간입니다. 우리는 저마다의 앎과 삶을 질문과 생각을 보태어 흰 종이 안에 채워갑니다.

  이것이 『생각의 탄생』의 일주일입니다. 북클럽이 있는 삶이지요. 아이들과 이야기 나누며 남았던 여운은 교사들과 함께 우리 애들이 이랬는데 저랬는데 하며 미주알고주알, 도란도란 이야기합니다. 글로, 그림으로, 구깃한 쪽지로 남은 생각과 마음들은 교사들의 낡은 서랍 안에 고스란히 들어가 있지요. 우리는 학생들이 그리고 『생각의 탄생』 교사들이 이렇게 성장하기를 희망합니다.
  이런 기쁨을 누구나 가질 수 있었으면 합니다. 다각도로 변화하는 삶 속에서 질문을 통해 서로의 지식과 나의 앎을 정돈하고, 질문을 통해 나의 생각을 정교하게 세워가는 삶을 만들어 가기를요. 그런 주체적이고 빛나는 인격체로 아이들이, 우리가, 우리 사회의 구성원들이 나아가기를 바랍니다.
  어떤가요? 여러분이 한발 들어선 북클럽은 완벽하지는 않지만 늘 더 아름다운 삶을 만들어가도록 나아가고 건너가게 만드는, 작지만 단단한 징검다리가 되어줄 거예요.

『생각의 탄생』 원장 강가애

사람을 만나게 된다

"E. H. Carl의 '역사란 무엇인가?'에 대해 정의하시오."

고등학교 세계사 시험 마지막 서술형 문제이다. 그 막막함을 아직도 또렷이 기억한다. 물론 난 제대로 쓰지 못했다. 서점에 가서 E. H. Carl의 《역사란 무엇인가?》*를 사서 읽었다. 그런데 독해가 되지 않았다. 무슨 말인지 도통 이해할 수 없었다. 몇 장 읽지 못하고 덮었다. 그러다 성인이 되어 여러 북클럽에서 다시 읽기를 시도했다. 아마도 4, 5번 정도는 읽은 듯하다. 여전히 아리송했다. 누구는 이 책이 인생의 책이라고도 하는데, 나는 이유조차도 알 수 없었다.

그러다 최근에 참여한 북클럽에서 이 책을 또 읽게 되었다. 이번에는 저자의 목소리가 들려온다. 그동안 독서력이 쌓인 모양이다. 북클럽 모임원들의 설명도 이해가 되었다. 이 책의 유명한 문구이기도 한, 즉 세계사 시험의 답이기도 했던 '역사란 과거와 현재, 그리고 미래의 대화이다'란 말이 이해된다. 카는 '현재를 사는 역사가가 과거의 사실을 해석하고 미래에 메시지가 되는 것이 역사'라고 말하고 있었

◆ 《역사란 무엇인가?》 에드워드 H. 카 저, 김택현 옮김, 까치, 1961년

던 것이다. 역사가도, 역사의 한 장면 속에 살고 있는 개인도 공적인 영역에 해당한다는 것이었다. 저자가 '그래도 움직인다'라는 마지막 문구로 현재를 살고 있는 우리에게 희망의 메시지를 주고 있다는 것도 알게 되었다.

만일 혼자 읽었다면 저자와 만날 수 있었을까? 절대 아니다. 북클럽에서 함께 읽었기에 저자와 온전한 만남이 가능했다고 생각한다. 덕분에 고등학교 세계사 선생님도 다시 한번 떠올려 보고, 각자의 색깔을 가진 북클럽 회원들도 다시 한번 쳐다보게 된다. 그리고 그 안에 있는 나도 다시 바라보게 된다.

격주로 만나는 북클럽 친구들은 우리 아이들이 초등학생 시절부터 함께 해온 친구들이다. 우리가 늙어간 딱 그만큼 우리 아이들은 자라서 성인이 되고, 군대도 다녀오고, 재수도 하면서 그들의 다양한 삶을 살고 있다.

이런 과정을 함께한 우리의 대화는 과거와 현재를 넘나든다. 현재의 걱정거리를 이야기하다 자연스럽게 과거에서 위로받는다. 서로 이미 40, 50을 훌쩍 넘어버린 우리의 젊은 날을 기억한다. 누구보다 더 서로가 무엇을 좋아하는지, 무엇을 싫어하는지, 어떤 지점에서 약해지는지를 안다. 그래서 우리는 서로의 경계를 지킬 줄도 알게 되었다.

코로나 19를 거치면서 잠시 쉬었던 북클럽을 다시 시작했다. 우리는 혼자 읽어보겠노라고 샀지만 절대 읽지 못해 각자의 책꽂이에서 먼지만 쌓이고 있는 책들을 골라서 읽기 책 목록을 만들었다. 그렇게 또 같이 책을 읽고 있다. 책을 읽어내는 깊이가 달라졌다. 누구는 감정적인 측면에서 깊이가 생겼고, 누군가는 바라보는 각도가 달라졌고, 누군가는 세상에 대한 궁금증이 새록새록 생겨났다. 우리는 여전히 그 자리에 있지만 어제의 우리가 아니다.

우리가 책을 함께 읽는 이유는 어제의 나에 머물지 않고, 내일 한층 더 발전되고 성숙한 내가 되고 싶어서이다. 이 책을 읽는 누군가도 북클럽 안에서 성장하기를 기대한다.

『생각의 탄생』 교사 박명희

나는 책 읽기를 싫어하는 것이 아니라, 책을 즐기는 사람입니다

저는 어릴 때 책 읽기를 그다지 좋아하는 사람은 아니었습니다. 저는 이미지와 느낌에 강한 사람이라서 글을 읽으면 머릿속으로 그 단어, 문장, 그 장면, 그 세계가 그려져야 하고, 감각적으로도 충분히 느껴져야만 다음으로 넘어갈 수 있어서 책을 읽을 때 아주 많은 시간이 걸리기 때문입니다.

감각적으로 충분히 받아들일 시간이 부족한 채로 빠르게 넘어가면 머리에 들어오지 않아서 이해될 때까지 반복해서 다시 읽어야 하는 것도 힘에 부쳤어요. 심지어 책을 읽는 것 말고도 세상에는 재미난 일이 너무 많이 있는데, 책을 읽는 것에 너무 오랜 시간을 들이기도 싫었습니다.

그런데 다른 한편으로 호기심이 많고 '이야기'는 너무 좋아하는 사람이라서, 새롭고 흥미롭고 궁금한 '이야기'를 만나면 모든 시간을 들여서 책을 읽기도 했습니다. 온라인 서점의 장바구니에는 항상 결제를 기다리는 책들이 담겨 있지요. 그래서 이제는 '나는 책 읽기를 싫어하는 사람이 아니라, 책을 즐기지만 즐길 시간이 부족한 사람이다.'라는 결론을 내렸습니다.

이번에 동료 선생님들과 '북클럽에 관한 책을 만들어보자.'라는 생각이 모아졌을 때도, 처음에는 참여하기 어렵지 않을까 생각했습니다. 사실, '책을 즐기는 사람'에게 북클럽이란 즐거운 일인 동시에 부담스러운 일이기 때문입니다.

기한에 맞춰 책을 읽는 일은, 역시나 느린 읽기 속도 때문에 완독에 필요한 시간이 부족할 수 있고, 그렇게 시간에 쫓기면 대충 읽게 되어 오롯이 즐기지 못한다는 것에 불만이 생깁니다. 그리고 완독을 못 할 경우, 나의 불충분한 준비가 함께하는 동료에게 민폐가 될 수 있다는 것에 대한 부담감도 생깁니다.

그래서 저 같은 사람은 북클럽을 할 수 없을 것 같았습니다. 아니, 안 하는 게 맞다고 생각했었습니다. 그런데 책을 쓰는 작업을 하면서 다른 선생님들의 경험이 묻어난 글을 읽다 보니, 제가 그동안 북클럽을 '어떤, 대단히 굉장하고 진지한 것'으로 생각하고 있었다는 것을 알게 되었습니다. 알고 보니 저는 매일매일 북클럽에 참여하고 있었는데도 말이죠.

『생각의 탄생』 리터러시 학습센터에서 일하면서, 저는 매일 선생님들과 책에 관해서 이야기를 나눕니다. 수업 교재로 사용하는 책, 수업과 교육에 도움이 되는 책, 순전히 개인적 즐거움을 위해 읽은 책 등. 하루에도 여러 권의 책에 대해 짧게는 몇 분, 길게는 몇 시간씩 수다스러운 대화 시간을 가지게 됩니다. 그런 지적 대화인 듯, 감정 해소 수다인 듯한 시간이 지나면 어느새 더 유연하지만, 더 단단해진 나를 느낄 수 있습니다.

북클럽은 '어떤, 대단히 굉장하고 진지한 것'이 아닙니다. 단지 '함께 즐기는 것'일 뿐입니다. 북클럽을 시작하려고 일부러 시간을 내지 않으셔도 좋습니다. 내가 즐긴 책에 대해 주변의 사람들에게 말하는 것으로 시작해보세요. 또는 동료가 즐긴 책에 관한 이야기를 듣는 것만으로도 좋습니다. 누군가와 함께 서로의 앎과 감상을 나누는 일은 매우 즐거운 경험이 될 거예요. '책 읽을 시간도 없는데 북클럽을 하라고?'가 책 제목의 강력한 후보 중 하나였다는 사실은 안 비밀입니다.^^

여러분 삶에 즐거움 한 스푼 얹어보세요.

『생각의 탄생』교사 **최아영**

내 인생에 맞는 열쇠를 찾고 싶다면

초등학교 때를 생각해보면, 잘 사는 집이 부러웠던 것이 아니라 언니나 오빠가 있는 친구들이 부러웠다. 언니나 오빠가 있는 것이 부러웠던 것이 아니라, 언니나 오빠 덕에 책꽂이에 책이 가득했던 그들의 방이 부러웠었다. 늘 할아버지, 할머니와 같이 살았던 탓에 나의 집엔 먼지가 쌓이고 냄새나는 케케묵은 책만 많았다. 내 책을 살 수 없었던 나는 어린 시절 내내 책 욕심으로 가득했다.

이런 이유에서 늘 손에 책을 들고 살았던 나는, 사회인이 되었고, 지하철에서도 틈틈이 책을 읽는 약간의 허영심을 가진 직장인이었다. 그러던 어느 날, 순수 그 자체인, 책보다는 놀이터를 더 좋아하는 초등 중학년의 딸아이를 보면서 뒤통수를 한 대 맞은 듯한 날이 있었다. 아이에게 책을 만나게 하겠다는 엄마의 바람과는 달리, 어느새 훌쩍 커버린 딸아이는 엄마의 꼬드김에는 그다지 관심이 없었다. 너무 늦었다는 자책감과 한숨으로 지내다 생각한 것이 좋아하는 친구들과 같이 할 수 있는 것이었고, 그것이 바로 독서토론대회 참가였다. 좋아하는 친구들과 함께 대회에 참여한다는 것에 쏙 넘어온 딸아이는 대회 참여를 위해서 아이들과 같이 책을 읽었고, 같이 이야기하며 대회에 참가했다. 토론 대회 준비 과정이 힘들었던 만큼 아이들은 순간순간 성공의 기쁨을 맛보았다. 물론 실패의 경험도 많았다. 순수했던 아이들에게는 이 실패가 오히려 포기보다는 다시 도전해서 얻은 단 열매의 맛을 알게 해주었다. 딸아이는 이 일을 계기로 매우 늦었지만 책과 친해지기 시작했고, 좋은 친구들과의 모임이 생기기 시작했다. 이렇게 친구들과 실패와 성공을 경험하면서 초등학교, 중학교 시절을 보냈다. 의도하지는 않았지만, 지나고 보니 이것이 북클럽의 형태였던 것이다.

이 시간은 아이에게도 좋은 경험이었지만 나에게도 책을 다시 보게 되는 기회가 되었고, 힘든 직장생활에 활력소가 되어 조금씩 준비한 끝에 지금은 내가 하고 싶은 일을 하면서 살 수 있게 되었다.

책이란 이런 것이다.

시기만 다를 뿐, 모든 사람에게 인생을 바꿀 기회를 주는 열쇠라는 생각이 든다. 이 열쇠를 혼자 들고 목적지까지 가기에는 지루하고 힘들고 포기의 유혹이 너무 많다.

같이 해보자. 꼭 같이 해봐야 한다. 이 좋은 것을 많은 사람이 경험해보았으면 하는 마음을 이 책에 담았다.

『생각의 탄생』 교사 **노경태**

지금 내 삶의 주인공입니까?

'내 인생의 주인공은 나!'

대부분의 사람이 그렇게 생각합니다. 하지만 그렇게 생각하는 사람들이 그렇게 살고 있을까요?

내 인생의 주인공이 내가 되려면 내 생각이 있어야 합니다. 가치 판단의 기준이 공동체의 것이었을 때는 이런 생각이 필요하지 않습니다. 정해진 대로 살면 편하지요. 하지만 이제는 개인의 판단과 능력이 중요한 시대입니다. 내 기준을 갖는 것이 중요합니다. 내가 존재한 후에 공동체를 위해 무엇을 할 수 있느냐를 생각할 수 있으니까요.

내 인생이 주인공이 되기 위해서는 좋고 싫은 것, 옳고 그른 것을 판단하는 기준이 있어야 하지요. 더 나아가 복잡해 보이는 사실의 핵심을 파악하고, 나의 기준에 따라 판단하고 결정하여 행동하는 사람이야말로 인생의 주인공처럼 사는 것이라고 생각해요.

그러면 어떻게 통찰력을 가지고, 기준을 세우고, 결정할 수 있을까요? 저도 오랜 시간 동안 고민한 지점입니다. 사람들의 의견에, 유행에 휩쓸리지 않고 나의 기준을 갖기 위해서 나는 어떤 행동을 해야 할까? 그래서 어릴 때는 많은 경험을 해 보려고 했어요. 하지만 경험에는 물리적 한계가 있습니다. 그래서 선택한 것이 '책'이었습니다. 각 분야의 전문가들이 핵심만 뽑아서 전수해주는 책. 놀라운 세계가 펼쳐지기 시작했습니다. 닥치는 대로 읽기 시작했습니다. 하지만 읽고 또 읽는 가운데 다시 한번 놀라운 경험을 하게 됩니다. 읽을수록 허무해지는 놀라운 경험. 나는 여전히 어떤 저자의 의견이 맞고 틀린지, 왜 저자에 따라 같은 사건을 다르게 해석하는지 알지 못하겠더라고요. 나만의 기준을 갖는 것은 더욱 먼일이 되어가고 있었습니다.

그래서 '묻기' 시작했습니다. 저자에게도 묻고, 다른 책을 읽으며 또 묻고, 주변 사람들에게도 묻고, 아이들에게도 묻기 시작했습니다. 모순적이게도 나의 기준을 세우기 위해 다른 이들의 의견을 묻기 시작한 것입니다. 이 과정에서 나의 기준이 점점 세워졌습니다. 질문을 잘하고, 질문에 대한 대답을 잘 듣기 위해 노력하다 보니 의사소통 능력도 향상되더군요. 질문의 놀라운 힘이었습니다.

아직도 갈 길이 멀어 보이긴 합니다. 하지만 막막하지는 않습니다. 책을 함께 읽을 친구들이 있고, 질문을 나눌 동료가 있으며, 나의 가치가 타인의 가치와 대립하지 않는 선에서 내 인생의 주인공이 나라고 생각하는 지점을 찾기 시작했으니까요.

우리의 책이 인생의 주인공을 꿈꾸는 여러분께 좌충우돌, 시행착오를 덜 겪게 해주는 가이드가 되었으면 좋겠습니다. 동료와 함께 성장하는 주인공이 되시길!

『생각의 탄생』 교사 오유경

우리는 미디어다

'미디어.'

우리는 광범위하게 미디어라는 말을 사용합니다. TV, 영화와 같이 많은 사람이 보는 대중매체를 일컫기도 하고 유튜브나 구글처럼 스마트폰을 기반으로 현대인의 모습을 바꿔버린 웹 미디어를 지칭하기도 합니다.

미디어는 어원에서 알 수 있듯 '가운데mid'라는 의미에서 시작합니다. 자신의 의견과 객관적 정보를 서로 주고받을 수 있도록 마련된 수단입니다. 즉 '조금만 조용히 해주세요'라고 써 붙인 도서관 포스트잇 한 장도 미디어가 될 수 있지요. 여기에 앞서 말한 뉴미디어의 등장으로 '미디어'의 의미는 단순한 연결 수단에서 사회 전체를 움직이는 기능까지 갖게 되었습니다. 바꿔 말하면, 누구나 뉴미디어의 주체, 즉 사회에 목소리를 낼 수 있는 미디어가 될 수 있게 된 것입니다.

'종이 위 텍스트'는 미디어의 역사에서 언제나 묵직한 중심이었습니다. 한 사람의 세상이 담긴 미디어를 통해 함께 이야기를 나누고, 그 과정에서 커지는 생각의 힘, 집단 지성의 위력은 세상을 변화시키고 움직이고 새로운 권력을 탄생시키기도 했습니다.

그런 점에서 본다면 권력자들이 텍스트미디어를 경계하는 일은 당연한 것 아닐까요? 동서고금을 막론하고 사례는 수도 없이 많습니다. 영생을 꿈꾸던 자의 기개도 벌벌 떨게 한 텍스트 미디어의 힘을 느껴보면 어떨까요? 북클럽의 시작은 소소해 보이지만, 시대의 변화에도 변하지 않던 책의 위력을 느끼는 위대한 시작이 될 것입니다.

문화연구자 마셜 맥루한은 "미디어는 메시지다."라고 말했습니다. 우리가 텍스트 미디어인 '책'을 읽고 기호를 해석해 담론을 만드는 '북클럽' 미디어를 경험하는 것은 무엇보다 의미 있고, 일상에서 벌어지기 힘든 커뮤니케이션의 장을 경험하는 혁명적인 일이 될 것입니다.

『생각의 탄생』 교사 최슬기

힘들지만 습관처럼, 함께 친구처럼

어렸을 때 가장 먼저 접하는 형태이면서도 가장 빠르게 멀어져가는 것이 책이라고 생각합니다. 어쩌면 우리는 책을 손에 쥐고 생활하고 싶지만, 주위의 많은 재미와 흥미에 관심을 빼앗기기 때문일 거예요. 운동을 해야 한다는 결심이 매번 새해 결심 중 상위권을 차지하는 것처럼 마음속으로는 책을 읽어야 한다고 생각할 수 있습니다.

스스로 운동하는 것은 굉장히 힘들지요. 그래서 헬스장에 등록을 하고 돈을 내야 운동을 겨우 할 수 있습니다. 그런 경우처럼 이 책이 스스로 책을 읽어야 하는 동기부여를 못 하신 분들에게 헬스장 등록과 같은 효과를 주었으면 좋겠습니다. 어떨 때는 그 행동을 해야만 하는 이유를 찾아야 하는데, 그 이유가 하나뿐인 것보다 여러 가지일 때 행동으로 옮길 에너지를 더 얻을 수 있잖아요.

저도 처음 북클럽에 가기까지 꽤 많은 시간이 필요했습니다. 혼자도 책은 계속 읽었기 때문에 따로 모임을 해야 하는 이유를 찾지 못했거든요. 꾸준히 옆에서 북클럽에 대한 이야기를 해주는 사람들이 있었기에 용기 내어 찾아갈 수 있었어요.

시작은 간단합니다. 정말 작게, 관심 있는 책을 사서 읽어보는 것부터 해보세요. 한 번에 여러 개를 같이 시도해보다가 이것도 저것도 다 못하게 될 수 있거든요. 어느 정도 책을 혼자 읽으셨다면 북클럽을 해보는게 어떨까 싶어요.

책을 읽어야 하는 이유에 대해 여러분만의 답을 찾아보고, 앞으로도 책과 멀어지지 않고 평생 친한 친구로 지낼 수 있었으면 좋겠어요. 지금은 저에게 같이 이야기할 친구도 있고 가족도 있지만, 언젠가는 어떤 시간에는 혼자일 수 있으니까요. 그때 책이 저의 친한 친구가 되어줄 수 있다고 생각합니다. 물론 책은 지금도 가장 좋은 친구지만요. 여러분에게도 평생을 함께할 좋은 친구가 생기길 바랍니다.

『생각의 탄생』 교사 태유정